アルプス
はじめました

西野淑子

ブルーガイド

アルプスはじめました　CONTENTS

アルプスへ、行こうよ！………………………004
日本アルプスへの道……………………………012
高山の花図鑑……………………………………068
松本──北アルプスの玄関口…………………070
甲府──南アルプスの玄関口…………………106
備えてますか？遭難対策………………………116
登山計画書………………………………………126

PART 1
山頂を目指そう
- 01　立山………024
- 02　爺ヶ岳………030
- 03　蝶ヶ岳………034
- 04　焼岳………038
- 05　乗鞍岳………042
- 06　木曽駒ヶ岳………046
- 07　甲斐駒ヶ岳………050
- 08　仙丈ヶ岳………056
- 09　北岳………062

PART 2
つなげて歩こう
- 10　白馬岳………72
- 11　唐松岳～五竜岳………78
- 12　大日三山………86
- 13　燕岳～常念岳………92
- 14　鳳凰三山………100

PART 3
憧れの頂に
- 15　槍ヶ岳………108

PART 4
日本アルプスを見にいこう
- 16　赤岳………118

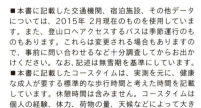

■本書に記載した交通機関、宿泊施設、その他データについては、2015年2月現在のものを使用しています。また、登山口へアクセスするバスは季節運行のものもあります。これらは変更される場合もありますので、事前に問い合わせするなど十分調査してからお出かけください。なお、記述は無雪期を基準にしています。
■本書に記載したコースタイムは、実測を元に、健康な成人が要する標準的な歩行時間と考えた時間を記載しています。休憩時間は含みません。コースタイムは個人の経験、体力、荷物の量、天候などによって大きく変化しますから、余裕をもった無理のない計画を立ててください。
■本書の詳しい見方は、カバー折り返しをご覧下さい。

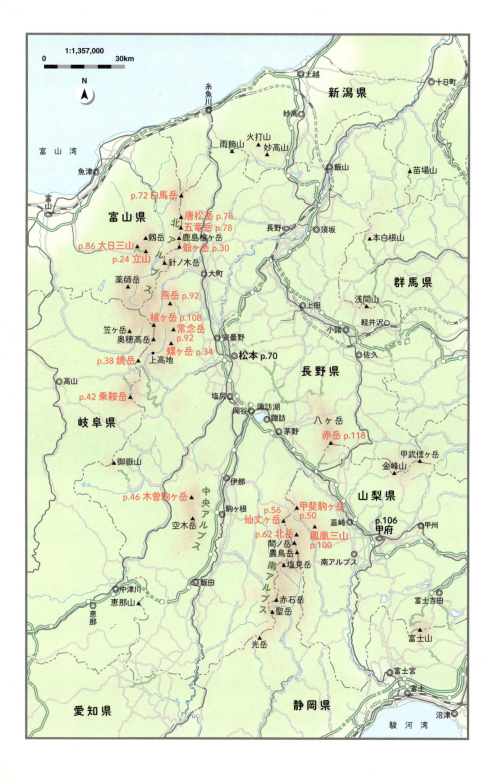

雲さえも下に広がる標高3000mの稜線。
山々のすばらしい眺め、かわいらしい高山植物。
山のステキがたくさん詰まった日本アルプス。

立山

日本アルプスは高い山ですが、
決して越えられない壁ではありません。
経験を積んで、準備をしっかりして、
あの憧れの山たちに、行こうよ！

木曽駒ヶ岳

 夏

陽の光がキラキラと
花や緑に降り注ぐ、命きらめく夏。

白馬岳

燕岳から眺める槍ヶ岳

甲斐駒ヶ岳

🏔 秋

空が澄み渡り、木々が、草が色づく。
秋風とともに駆け抜ける秋。

仙丈ヶ岳

唐松岳

満天の星空が、朝日が心に染み渡る。
山の中で過ぎていく贅沢な時間。

北岳

日本アルプスへの道

憧れの日本アルプス。行ってみたいけど何から始めたらいいのかな。
必要な準備、知っておきたいことをピックアップしました。

1 | 服装

アルプス登山に向かうなら、登山に適した専用のウェアを身につけましょう。濡れや冷えから体を守る、速乾性素材が基本。そして快適な体温に体を保つよう、衣服の調節も大切です。

夏

シャツ
汗や水蒸気をよく吸って速く乾く、化学繊維やウールのシャツ。秋は保温性も考慮します。半袖T＋長袖アンダーウェアや、長袖ジップTが定番。

アンダーウェア
最近は、シャツの下に着る薄手のアンダーウェアが人気です。汗をシャツに吸わせて、シャツからの濡れ戻りを防ぐ機能があり、シャツが濡れても肌にぺったり着きません。

タイツ・靴下
足への衝撃を和らげ、疲れを軽くするのにも役立つスポーツタイツが定番です。靴下は、登山用のやや厚手のものが疲れにくく、消臭効果も期待できます。

帽子
夏はつばのある日よけできるものを。風で飛ばされないよう、帽子止めクリップなどを付けておくとよいです。あごひもの付いた帽子もアリ。

登山用の下着
歩くとかなり汗をかきます。速乾性にすぐれ、肌触りもよい登山用の下着を身につけるとよいでしょう。消臭効果のある素材を使った下着もあります。

ショートパンツ・スカート
足さばきがよく、歩きやすいです。秋はフリースなど保温性の高い素材のものもあります。岩場のあるような山ではスカートは避けたほうが無難。

靴
靴底が硬めで滑りにくい登山用の靴を。買うときは専門のスタッフがいる登山用品店で、試着もしっかりと！

教えて！山ウェアQ&A

Q 山の着替えは日数分持っていくの？

A 着替えのウェアも増えればかさばります。1〜2泊の登山であれば、入山から下山まで同じ衣服で過ごし、下山後にお風呂で汗を流して着替える、という人が多いと思います。下着だけは毎日替えるという人もいます。雨で濡れたときに備えて、シャツと靴下を1組、ジッパー付きのビニール袋に入れて持っていくとよいでしょう。

Q 日焼け防止ウェアってあるの？

A 紫外線の強い高山では、日焼け止めを塗るだけでなく、肌をさらさないことも大切です。UVカット効果のある素材を使ったシャツなどを活用するとよいでしょう。アームカバーや、首の後ろを覆うタイプの帽子などもあります。さらに、着るとヒンヤリする冷却効果のあるシャツも夏はおすすめです。

Q レイヤリングって何ですか？

A 登山のウェアは、運動強度にかかわらず、体温を一定に保てるよう、アンダーウェア、中間着、上着と重ね着しますが、こういう重ね着のシステムをレイヤリングといいます。吸汗速乾性のウェアは体から出る汗や水蒸気を吸い、それを水蒸気として拡散します。それぞれのウェア（層）が役目を果たすことで体を濡れから守り、快適な状態に保つのです。

秋

帽子
秋は保温性を重視してウールやフリースの帽子を。冷たい風が吹くと秋でも寒いので、耳まで隠れるものを選びます。

防寒具
薄手のフリースジャケットやダウンジャケットなど。山小屋にいるときや、早朝に行動し始めのときなどに身につけます。脱ぎ着のしやすいネックウォーマーも快適です。

アウター
防風性のあるジャケットや、フリース素材の上着などを。おしゃれな色使いのものも多いです。レインウェアで兼用することもできます。

手袋
秋の山の必須アイテム。多少濡れても暖かいウールや化学繊維の手袋を。夏でも冷え対策に薄手の手袋を1枚持っていきましょう。

パンツ
撥水性・速乾性も備えた登山用のパンツが快適です。長いズボンの場合は、足上げがしやすいストレッチ素材のものがおすすめ。ショートパンツ＋厚手のタイツ、レッグウォーマーでも。

2 ｜ 持ち物

小屋泊まりの登山では、「日帰りハイキングの装備」＋日数分の行動食が基本装備。ザックに詰めるときの原則は「軽いものは下、重いものは上。すぐ出したいものは雨ぶたなど出しやすいところへ」です。

防寒具

山での朝晩、また、行動中に風に吹かれると夏でも寒さを感じます。小さくまとめられるダウンジャケットやフリースの上着を。
EX ライトダウンジャケット Women's ¥17,800 ＋税

雨具

外からの水を防ぎ、中の水蒸気を逃がす「防水透湿性」素材で、上着とズボンが分かれたタイプの雨具を。
ストームクルーザー ジャケット Women's ¥18,400 ＋税／パンツ ¥11,400 ＋税

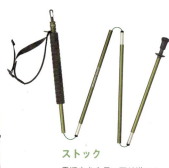

ストック

雪渓歩きや長い下り道での強い味方。コンパクトにまとめられる伸縮式、折り畳み式が使いやすいです。
U.L. フォールディングポール ¥4,300 ＋税

軽アイゼン

雪渓歩きの必須アイテム。雪面に確実にきいて使いやすいのは6本爪の軽アイゼンやチェーンスパイクです。
スノースパイク6 ¥4,900 ＋税
チェーンスパイク ¥4,572 ＋税

ザック

1～2泊程度のお泊まり山なら、35L前後が使い勝手がよいです。背負ったときに荷重を分散してくれるウェストベルト付きのものを。
チャチャパック 35 Women's ¥14,500 ＋税

ヘッドライト

消灯後は真っ暗になる山小屋では必須アイテム。ご来光登山や、夜に星を見に行くようなときにも使います。
パワーヘッドランプ ¥2,900 ＋税

P.14 の商品はすべてモンベル。問い合わせ ●モンベル・カスタマー・サービス ☎06-6536-5740

水筒・魔法瓶
保温性の高い魔法瓶は、冬は熱いもの、夏は冷たい飲み物を入れて。山小屋でお湯をもらう(買う)ときにも便利です。

行動食
日数分の食糧を用意。カロリーが高くあまりかさばらないもの、疲れたときにもすんなり食べられるように好きなものを選びます。

救急道具・健康保険証
ばんそうこう、滅菌ガーゼ、テーピング、常備薬などを入れておきます。健康保険証はコピーでもOK。

ツェルト
緊急時に使う簡易テントです。広げてテントのように使ったり、体に巻き付けたりして使います。2〜3人用が使いやすいです。

熊よけの鈴
早朝など、人のあまりいない登山道で、ザックに提げて使います。人の多いところでは音をたてないように。

地図・コンパス
コースタイムなどがある市販の登山地図や、本書のようなガイドブックの地図が使いやすいです。

日焼け止め
日焼けは肌にダメージを与え、疲れにもつながります。こまめに塗り直しましょう。

虫よけ・虫さされ薬
山の中腹では蚊やブヨなどの虫も多く、虫よけスプレーは重宝します。虫さされ薬と一緒に。

レジ袋
ゴミ袋としてのほか、濡れた服や雨具などを入れるのにも使います。2〜3枚常備します。

時計
できれば多少防水機能のあるものを。高度計付き、アラーム付きだと便利です。

携帯電話（スマート・フォン）
山の中は電波が弱いことが多いので電源を切っておきます。予備のバッテリーや充電器も忘れずに。

ザックカバー
ザックのサイズに合ったものを。素早く装着できるように、使い方を事前に確認しておきましょう。

タオル・手ぬぐい
汗を拭いたり、首や頭に巻いて日よけにするなど、さまざまな用途に使えます。

着替え
山で雨に降られてずぶ濡れになったとき、小屋で着替えができるようにシャツ・靴下だけでも持参しておくと便利。

耳栓
いびき対策のお役立ちグッズ。さらに、マスクもあると部屋のほこりや乾燥対策にもグッド。

ウェットシート
お風呂がなくても、肌をさっとひと拭きすれば体がスッキリします。

サングラス
高山では紫外線が強いです。強い日ざしから目を守ります。

登山計画書
登山口にある登山届ポストに提出用と、持ち歩き用、合計2部を用意します。このほか、自宅に1部置いていきます。

3 | プランニング

アルプス登山では「計画を立てる」ことが重要になります。アルプス登山で計画を立てるにあたって、とくに注意すべきポイントを挙げてみました。

STEP 1 いつ、どこへ行く？

本書のようなガイドブックを参考に、行く山を決めましょう。いつ、だれと行くか。どこに泊まるか。標高3000m近くを登るアルプス登山、実は快適に登ることができる時期は限られています。「いつ行くか」は、かなり重要なのです。

STEP 2 どんなルートで行く？

どの山も、いくつか登るルートがあり、ルートによって難易度も歩行時間も変わります。慣れないうちは1日の歩行時間をあまり長くせず、岩場など危険箇所の少ないルートを選びます。

アルプス登山の適期

山が雪に覆われている時期は、冬山専用の装備や技術がなくては登れません。登山道の雪が溶け、一般登山者が登ることができるのは、7月海の日の連休以降から10月体育の日の連休ぐらいまで。体育の日以降は積雪・凍結の可能性があり、難易度が上がります。

無理のないスケジュール

通常の体力の人が、疲れを感じずに快適に歩く目安は6時間程度。8時間を過ぎると疲れて集中力も切れてきます。とくに慣れないうちは6時間を過ぎる行動時間にならないように予定を組みます。また、6時間を過ぎた時点で岩場などの危険な場所を通過するようなスケジュールも避けます。

山小屋の混雑時期

ハイシーズンは山小屋も混雑します。人気のある山の山小屋だと布団1枚に2～3人で寝るようなケースも。快適に眠るのは難しいです。お盆や9月の連休のほか、7月最終週と8月第1週の土・日曜も隠れた混雑期。できれば避けて日程を組みたいものです。

標高差に要注意

行動時間が短い＝行程がラクとは限りません。たとえば歩行時間が3時間でも、登山口から標高差1000mを一気に登り詰めていくようなルートは、体力を必要とします。標高差200mぐらいのアップダウンを繰り返すような稜線歩きも、体力をかなり消耗します。

STEP 3 登山口までの交通は？

電車＋路線バス利用で登山口へ向かう場合、路線バスのダイヤには注意が必要です。山岳路線の場合、ハイシーズンのみの運行（またはオフシーズンに運行が少ない）ことも多いです。高速バスは電車利用より格安な一方、渋滞で時間が読めないリスクも。

STEP 4 情報を集める

ルートの一般的な情報はガイドブックなどで知ることができますが、交通機関、登山道の状況など、山行当日に向けてリアルタイムの情報も集める必要があります。

夜行バス

夜行バスは、アルプス登山の強い味方。とはいえイスに座っての移動ですから、ベッドで眠るほどには休まりません。夜行バス利用の場合は、初日の歩行時間を短めにし、早めに山小屋に到着して疲労回復につとめると、以後の行程が楽です。

季節運行の直行バス

シーズンには、東京から登山口へ直行するバスも運行します。乗り換えがなく、運賃も比較的安いのは魅力。乗り心地のよい3列シートのバスも増えています。

● さわやか信州号
東京、名古屋、大阪・京都から、長野方面の登山口まで直行する。上高地線と、白馬・扇沢・安曇野線の2系統がある。
http://sawayaka.alpico.co.jp/

● 毎日あるぺん号
東京発着で、北アルプス、南アルプス、中央アルプスなど各地の登山口への便がある。往路は夜行、復路は日中の運行。山小屋宿泊付きのセットプランもあり。
http://www.maitabi.jp/bus/

天候を判断する

アルプス登山では天候判断がとても大切。稜線で暴風雨にあったら、行動をすることさえ難しくなります。天気予報はしっかりチェック、台風が近づいているなど悪天候が予想されるときは山行自体を中止にしましょう。山岳地帯をピンポイントで予報する天気予報もあるので、活用するとよいでしょう。

ルートの最新情報は？

一番確実なリアルタイム情報を持っているのは、道中の山小屋でしょう。山小屋に予約の連絡を入れる時、登山道の状況などを確認します。登山道や自然の情報をこまめに更新している山小屋のサイトもあります。ヤマレコなど登山者からの情報も、道中の写真は情報として有効ですが、行動時間や難易度などの記録は主観的なものなので、それだけで判断しないこと。

4 | はじめまして山小屋！

念願の山小屋泊まり！ でも、厳しい決まりごとがあるの？ 部屋はどうなっているの？ 気になることがたくさんあります。山小屋に到着してから出発までをシミュレーションしてみました。

山小屋に到着

まずは受付でチェックインをしましょう。宿泊料金は前払いです。館内の説明を受け、食事の時間の確認をしたあと、部屋に案内してもらいます。

山小屋の予約は

予約なしで宿泊できる山小屋も多いのですが、完全予約制の宿、予約がないと休館する山小屋もあるので、予約は入れましょう。到着が遅れる場合、あるいはやむを得ずキャンセルの場合は忘れずに連絡を！

部屋と個室

多くの宿で客室は「男女一緒の相部屋」ですが、知らない男女が隣り合わせにならないように気を遣ってくれたりします。利用料を支払って個室に泊まることができる小屋もありますが、ハイシーズンには対応できないこともあります。

くつろぎタイム

談話室や食堂などのパブリックスペース、あるいは個室でゆっくり休みましょう。早朝から行動していたなら、昼寝で疲労回復するのもおすすめ。多くの山小屋には山関係の本や雑誌が置いてありますから、読んで過ごすのもよいでしょう。寝室も兼ねた大部屋の場合、寝ている人もいますから、夕方でもそこで騒ぐのは慎みたいものです。

お風呂はあるの？

温泉地などでない限り、大半の山小屋に風呂はありません。ある場合も、石けんやシャンプー、歯みがき粉は使用禁止です。汗や汚れが気になるなら、ウェットシートで体を拭くだけでもスッキリします。

夕食 PM

メニューやボリュームは小屋によってまちまちですが、地元の食材をいかしたメニューが味わえたり、ご飯や味噌汁がおかわり自由のところもあります。ハイシーズンで宿泊者が多い場合は、食事の時間を2回戦、3回戦にするところも。

水は有料って本当？

山には「水道」がありません。水源がなく雨水をためているような小屋の場合、有料で分けてもらう場合もあります。山小屋のサイトなどで事前に確認しておきましょう。

起床 AM

翌日の行動時間あるいはご来光に合わせて起床。暗いうちに起きる場合は、なるべく荷物がガサガサと音を立てないよう、気を配りましょう。

消灯・就寝 PM

翌日の行動に備えて、夕食後はすみやかに就寝…というのが山小屋時間。多くの宿は電気も自家発電なので、20時あるいは21時ぐらいには消灯してしまいます。翌日すぐ出られるように、寝る前に荷物の整理は済ませておきます。

朝食 AM

1日の行動の活力、朝ご飯もしっかりと食べましょう！ 出発が早い場合、朝ご飯を弁当に振り替えられる山小屋が多いので、チェックイン時に相談してみましょう。水筒や魔法瓶にお湯をもらうときは朝食後に。

出発！ AM

忘れ物がないか確認し、準備運動を済ませたら、スタート！ 山小屋でパワーをチャージして、1日楽しく歩きましょう。

5 | 安全に歩く

歩く時間が長く、標高差も大きいアルプス登山。岩場や切れ落ちた稜線の通過、雪渓歩きなど、気をつけたいことがいくつかあります。決して難しくはありませんが、確実に対処することが必要です。

▶ 歩き方の基本をおさらい！

安全に歩くための第一歩は「ばてずに気持ちよく歩く」こと。<u>登りは、平地で歩くペースの2倍ゆっくり歩きます。</u>とくに初めの1時間は、意識してゆっくりいきましょう。いい感じにウォーミングアップできれば、そのあとずっと快適に歩けます。そして段差はなるべく小刻みに。大きく足を広げて登るとどんどん疲れます。長く続く登りはなるべく一定のリズムで、呼吸を意識しながら登るとラクです。

<u>下りは足裏全体で地面を踏む</u>ように歩きます。へっぴり腰になると後ろに重心がかかって、かえって転びやすくなりますよ。急な斜面や砂地の滑りやすい斜面は、少し腰を落とすようにして、歩幅を小刻みに進むと安定します。

▶ すれ違うときは山側に 自分の安全が第一

登山道で人とすれ違うときは、<u>相手をやり過ごせるだけの広さがあるところで、山側に避</u>けます。広そうだからといって谷（崖）側に避けてはいけません。すれ違った人がよろけたり、ザックやストックなどが当たってバランスを崩すと、あなたが谷底に落ちる可能性があることを理解してください。歩くときは常に前後を意識し、前から歩いてくる人や、後ろから追い抜く人がいたら、自分が安全な場所で避けることを考えてください。

▶ お腹がすく前に食べる、 のどが渇く前に飲む

水分と栄養分は、足りないと感じる前に取るのが鉄則です。完全に足りなくなると、体が動かなくなります。<u>休憩ごとに、こまめに取る</u>のがポイントです。1時間に体から出ていく水分は、体重×5ml。50kgの人なら50×5ml＝250mlですね。このぐらい水分がなくなってると意識して、極力水分を取るようにします。とくに疲れてくると食べたり飲んだりするのが面倒になってきますが、疲れたときこそ摂取を意識しましょう。

▶ 落石はさせない・受けない

　小さな石がゴロゴロしている登山道では、下に石を落とさないように細心の注意を払って歩きます。登山道の下に人がいれば、その人を傷つける可能性があります。たとえ小さな石でも、落下速度がついた状態で人に当たれば大きな事故につながるのです。浮き石の多いところでは、足を蹴り出すのではなく、そっと置くように意識して進みます。また、こういうところでは人の落石を受けないよう、上に注意を払って歩きます。

▶ 雪渓歩きは軽アイゼンで

　アルプスでは、白馬大雪渓のように、夏でも登山道に雪が残っているところがあります。7月中は沢沿いの道に雪が残っていることも珍しくありません。雪渓が出てきたら軽アイゼンを装着して歩きます。実際に滑りにくくなりますし、滑りにくいと思うことで歩行も安定します。とくに下り斜面、トラバース（斜面を横切る）道では、滑落のリスクを少なくするためにアイゼンを着けましょう。

▶ 三点支持で岩場を通過

　岩場では「三点支持」を意識して歩きます。両手・両足のうち3点を安定

したところに置いて、残りの1点を動かす…を繰り返します。手で岩にしがみつくのでなく、足を置きやすい場所を選んでしっかり置くのがポイントです。

　岩場のロープや鎖は、積極的につかんでぶら下がるのではなく、足でしっかり立ったうえで、補助的に使うほうが安定します。そして、鎖やロープは1人で使います。2人で使うと、1人がバランスを崩したときに一緒に振られてしまいま

す。杭などで固定されているものは、固定された区間を1人で使います。危険度の高い岩場では、ヘルメットの使用も勧められています。

▶ 高山病に要注意！

　高山病は富士山だけでなく、標高2500m以上の山ならどこでも起こりえます。頭痛や吐き気などが主な症状で、重症なまま放置すると命にかかわることもあります。本当にひどくなってしまったら迷わず下山を。高山病の予防としては、水分を十分に取ること、ゆっくり登ること、高所の山小屋に到着したらすぐに横になって寝ないこと（寝ていると呼吸が浅くなり、高山病を誘発する可能性がある）などがあります。

忘れ物は
ないですか？

持ち物チェックリスト

ザックに入れたらチェックをつけて、忘れ物をなくしましょう。
空欄には、「あなたの必要アイテム」を自由に書き込んでくださいね。

CHECK LIST

ザック		ティッシュペーパー	
雨具（上下）		日焼け止め	
防寒具（フリース・ダウンなど）		虫よけ・虫さされ薬	
帽子		救急道具（中身も確認）	
手袋		健康保険証	
予備の着替え（シャツ・靴下など）		携帯電話（スマート・フォン）	
下山後の着替え		携帯の予備電池または充電器	
下山後温泉セット		時計	
おやつ（行動食）		熊よけの鈴	
水筒・魔法瓶		耳栓	
ヘッドライト		ウェットシート	
ヘッドライトの予備電池		登山計画書（2部）	
ストック		財布	
軽アイゼン・チェーンスパイク		レジ袋	
ツェルト		カメラ	
サングラス			
地図			
コンパス			
ザックカバー			
タオル・手ぬぐい			

さあ、出かけましょうか。

Let's go!

PART 1

山頂を目指そう

山頂までの往復ルートやスタート地点に戻ってこられる
周回ルートをまずは歩いてみましょう。
森を抜け、空が広がったとき、登っている自分を実感。
山頂からの眺めに、感動もひとしおです。

別山の手前から来た道を振り返って。雄山から歩いてきた稜線が続いています

古くから親しまれる歴史と信仰の山
立山

PLANNING 前夜発＋1泊2日

夜行バスで富山または扇沢まで出向き、立山黒部アルペンルートで室堂へ。ハイシーズンは東京から室堂へ直行する夜行バスもあります。☆当日早朝発なら、一の越山荘泊まりの1泊2日に。2日目の行程が長いです。★健脚さんなら室堂から日帰りも可能。雷鳥沢の温泉付き山小屋や、みくりが池温泉に泊まっていくのもステキです。

01
TATEYAMA

DATA
たてやま
北アルプス北部
標高3015m（大汝山）

PLAN
前夜発＋1泊2日
1日目：4時間50分
2日目：2時間20分

LEVEL
体力：★　技術：★

TATEYAMA
DAY1

玉殿湧水の
おいしい水！

まだまだ
遠いなぁ…

1 歩き始めは散策路のような石畳　2 一ノ越への道中にベンチがありました　3 くぼ地の向こう、なだらかな山は大日三山　4 一ノ越から雄山を見上げて　5 ハイシーズン、雄山への登山道はかなり混み合います

このあたり
けっこう岩場

登山道でも
渋滞してます

PART1　山頂を目指そう｜01 立山 TATEYAMA

DAY 1　室堂(むろどう)に降り立つと、ぐるりと取り囲むように山々がいきなり出迎えてくれて、テンションが上がります。まずは石畳の道を歩いて最初の山頂、雄山(おやま)を目指します。平坦な道がだんだん急になっていき、一ノ越から先はゴロゴロとした岩場の急な登りになります。室堂から見えていた山々が目の高さになり、なだらかに山々が続いているのが見えてきます。がんばって登り切ると、雄山神社峰本社の建つ雄山の山頂。立山は富士山、白山と並ぶ日本三霊山のひとつ。登拝料（500円）を支払って鳥居の奥に入り、社殿の前で神主さんにご祈祷をしていただきましょう。

実は「立山」は雄山をはじめとするいくつかの山の総称。雄山、浄土山(じょうどさん)、別山(べっさん)を立山三山といいます。今回は雄山から別山へ縦走します。道標に従って大汝(おおなんじ)山方面へ進みましょう。ゴロゴロした岩場を抜け、映画の舞台となった休憩所のある大汝山を過ぎると、富士ノ折立(ふじのおりたて)の急な下りになり、下り切った先には、真砂岳(まさごだけ)へと続く広い砂漠のような稜線が緩やかに続きます。右手に見えているのは黒部ダム、後立山(うしろたてやま)の

TATEYAMA

Day1-2

山頂で
ご祈祷
いたしますよ

一等三角点の
石碑が！

1 雄山神社の社殿。神主さんがご祈祷をしてくれます 2 鳥居の向こうへ行くには登拝料が必要です 3 映画「春を背負って」のロケ地となった大汝休憩所 4 ガスが晴れ、これから歩く稜線がはっきり見えました

迂回路は
こちらで〜す

山々です。どこが山頂かはっきりしない、なだらかな稜線の最高到達点が真砂岳山頂。山頂を過ぎると稜線は少し下り、別山へ険しい登りに。お社が見えればそこが別山山頂です。

　別山まで登り切ると、目の前に大きくそびえる岩山が剱岳です。あまりにも雄々しい姿にひたすら感動。眺めるだけで感動できる山なんてなかなかありません。そして来た方向を振り返れば、小さな祠の立つ雄山から、歩いて来た尾根がずっと見渡せて、よくここまで歩いてきたものだと改めて感動できるはず。ここから、今日のお泊まり宿・剱御前小舎までは30分ほどの道のりです。

DAY2　この日はもう室堂に下るだけ。剱岳の見晴らしがすばらしい剱御前小舎をあとに、雷鳥坂を下ります。始めからずうっと急な下りが続くのでなかなか気が抜けません。下り切ったところが雷鳥平。温泉付きの山小屋がいくつか点在しています。雷鳥平から石畳の道を登り返せば、室堂に到着です。時間が許せば、ミクリガ池周辺を散策したり、温泉で汗を流していくのもいいでしょう。

憧れの剱に
ごたいめ〜ん！

PART1 山頂を目指そう | 01 立山 TATEYAMA

室堂の湿原に
咲いてたよ

5 白砂の稜線が続きます　6 別山の山頂は剱岳のビュースポットです　7 別山山頂で。来た道がぜーんぶ見えてハイテンション　8 雷鳥平で称名川を渡ります。後ろに見えているのが立山です

01

HIKING DATA

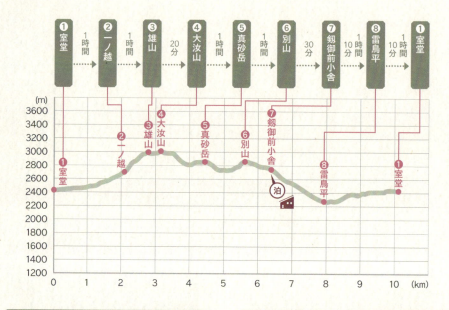

お泊まり宿

劔御前小舎

別山乗越に建つ山小屋。小屋ができたのは昭和5年という、非常に歴史のある山小屋です。北に劔岳、南に立山三山を望む絶景が自慢です。さらに小屋前からは能登半島、富山湾も望め、小屋前からの落日は圧巻です。

☎ 090-7087-5128 ／ 4月下旬〜10月中旬／1泊2食付 9500円／収容 120人

一の越山荘
☎ 076-421-1446 ／ 4月下旬〜10月下旬／1泊2食付 9300円／収容 150人

ロッジ立山連峰
☎ 076-463-6004 ／ 4月下旬〜11月初旬／1泊2食付 9200円／個室1泊2食付 9500円〜／収容 150人

雷鳥荘
☎ 076-463-1664 ／ 4月中旬〜11月下旬／1泊2食付 9200円／個室2名1室1泊2食付（1名）1万600円〜／収容 300人

雷鳥沢ヒュッテ
☎ 076-463-1835 ／ 4月下旬〜10月中旬／1泊2食付 9200円／個室1泊2食付 9500円〜／収容 250人

立ち寄り湯

みくりが池温泉

室堂から徒歩約12分の温泉宿。自慢の天然温泉は白い濁り湯で、なめらかな肌触りです。大浴場の窓からは大日三山が眺められます。風呂上がりには展望のよいテラスでくつろぐのもおすすめです。

☎ 076-463-1441 ／ 富山県立山町室堂平　日帰り入浴 9:00〜16:00 ／ 700円　4月中旬〜11/24 ／ 1泊2食付 9250円〜

● アクセス
ゆき：富山駅から富山地方鉄道で1時間（1200円）、立山駅下車。立山黒部アルペンルート（高原バス）で1時間10分（2430円）、室堂下車／JR大糸線信濃大町駅からアルピコ交通バス40分（1360円）、扇沢下車。立山黒部アルペンルート（トロリーバスなど）で約1時間30分（5860円）、室堂下車。
帰り：往路を戻る。

● 問い合わせ
立山町役場 ☎ 076-463-1121
アルピコ交通白馬営業所 ☎ 0261-72-3155
立山黒部貫光（アルペンルート）☎ 076-432-2819

● アドバイス
立山黒部アルペンルートと、扇沢〜信濃大町の路線バスは往復割引があり、割引率が高いです。

爺ヶ岳南峰から中峰に向かう道、振り返るとすばらしい眺め。背後の白っぽい山は立山連峰

高山植物が咲くたおやかな稜線散歩
爺ヶ岳

PLANNING 1泊2日

初日は種池山荘まで。翌日に爺ヶ岳を往復し、下山します。2日目の天気予報が思わしくなければ、初日にちょっとがんばって爺ヶ岳を往復してしまいましょう。
★健脚さんなら、前夜発で扇沢から日帰りも可能です。扇沢から信濃大町へ行く最終バスの時間は要チェック。

02
JIIGATAKE

DATA
じいがたけ
北アルプス北部
標高 2670m（中峰）

PLAN
1泊2日
1日目：4時間10分
2日目：4時間30分

LEVEL
体力：★　技術：★★

1 レトロな木の看板と記念撮影　2 急な登りを詰めて八ツ見ベンチでひと休み　3 登山道に突然石畳が現れました　4 水平道。名前のとおり水平で快適です　5 ちょっとした鎖場もあります　6 ミヤマキンポウゲが花盛りでした　7 種池山荘からはハイマツの中を歩きます　8 爺ヶ岳南峰に到着！後ろに鹿島槍ヶ岳が見えています

PART1　山頂を目指そう　02　爺ヶ岳　JIGATAKE

DAY1　扇沢（おうぎざわ）の登山口から種池山荘（たねいけさんそう）に向かう登山道は、道を整備した山小屋の2代目主人の名前をとって「柏原新道（かしわばらしんどう）」と名付けられています。よく整備された、歩きやすい道です。

登山道を登り始めてしばらくするとモミジ坂に。秋は紅葉がステキです。急坂をどんどん登っていくと、「八ツ見ベンチ」の看板。遠く東に八ヶ岳が見えます。さらに進むと石が積み上げられたケルンがあります。ケルンからは前方に針ノ木岳（はりのきだけ）、蓮華岳（れんげだけ）などが眺められます。

ケルンから先は傾斜も緩くなり、周りの山々を眺めながらの歩き。駅見岬（えきみみさき）、一枚岩など、休憩ポイントや看板に励まされます。今日の目的地、種池山荘が遠くに眺められますが、なかなか近くなりません。それでも最後の石畳と木の段々を登り切れば、種池山荘に到着です。

DAY2　爺ヶ岳は南峰、中峰、北峰の3つのピークからなり、最高峰が2670mの中峰です。山荘からハイマツの茂る稜線を歩きます。夏にはチングルマやアオノツガザクラなどの高山植物が足元に咲いています。緩やかに登っていくと初めのピークが南峰。広々として眺めのよい山頂です。西側に剱岳（つるぎだけ）、立山がそびえ、山頂から北側に伸びる稜線の先には、ふたつのピークを持つ鹿島槍ヶ岳（かしまやりがたけ）が。来た方向を振り返れば、長い稜線が針ノ木岳へと続いています。せっかくなので中峰まで足を延ばしていきましょう。山頂の景色を楽しんだら来た道を戻ります。

HIKING DATA

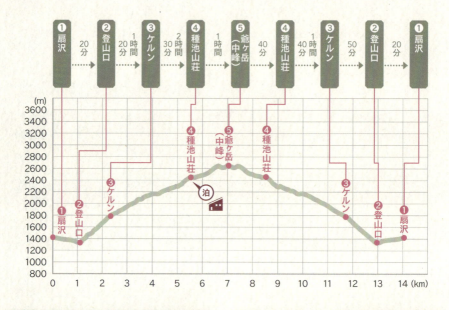

① 扇沢 → 20分 → ② 登山口 → 1時間20分 → ③ ケルン → 2時間30分 → ④ 種池山荘 → 1時間 → ⑤ 爺ヶ岳(中峰) → 40分 → ④ 種池山荘 → 1時間40分 → ③ ケルン → 50分 → ② 登山口 → 20分 → ① 扇沢

お泊まり宿

種池山荘

爺ヶ岳と岩小屋沢岳の間に建つ、白い壁が目印の山小屋。爺ヶ岳へは歩いて1時間ほどです。客室は小部屋で区切られていて、オフシーズンは1グループ1室利用も可能。

☎ 0261-22-1263／6月中旬〜10月中旬／1泊2食付 9500円／収容 200人

● アドバイス

日数に余裕がある健脚さんにおすすめなのが、爺ヶ岳からの縦走コース。

1 2日目に爺ヶ岳を越えて冷池山荘まで足を延ばし、鹿島槍ヶ岳を往復。山頂直下は岩場もあり険しいです。3日目は赤岩尾根を下って、大谷原に下山。

2 種池山荘から鳴沢岳、赤沢岳を経て針ノ木岳へ。途中で見える黒部湖越しの立山・剱岳は圧巻です。針ノ木小屋に泊まり、翌日は針ノ木雪渓を下って扇沢へ。

立ち寄り湯

薬師の湯

大町温泉郷に建つ日帰り温泉。広々とした大浴場と、和風の露天風呂があり、ゆったりと温泉が楽しめます。入浴後は畳敷きの大広間やラウンジでひと息。食堂や売店もあります。

☎ 0261-23-2834／長野県大町市大町温泉郷
7:00〜21:00（冬季は 10:00〜）／無休／700 円

● アクセス
ゆき：JR 大糸線信濃大町駅からアルピコ交通バス 40 分（1360 円）、扇沢下車。
帰り：往路を戻る。

● 問い合わせ
大町市観光協会 ☎ 0261-22-0190
アルピコ交通白馬営業所 ☎ 0261-72-3155

稜線からは槍ヶ岳、穂高連峰がひときわかっこよく眺められます

飛び出した稜線の先に槍・穂高が
蝶ヶ岳

PLANNING 1泊2日

1日目の行程がやや長いので、歩き慣れていない人は前夜発にするとよいでしょう。登山口へはバスの便がなくタクシー利用となります。往復タクシーは予算が厳しい場合、上高地へ下山するのも一案。徳沢に下りる長塀尾根と横尾へ下る尾根があり、やや急ですが途中まで眺めのよい横尾への下りがおすすめです。

03
CHOGATAKE

DATA
ちょうがたけ
北アルプス南部
標高 2677m

PLAN
1泊2日
1日目：5時間20分
2日目：3時間10分

LEVEL
体力：★★　技術：★

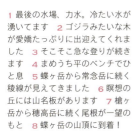

1 最後の水場、力水。冷たい水が湧いてます　**2** ゴジラみたいな木が愛嬌たっぷりに出迎えてくれました　**3** そこそこ急な登りが続きます　**4** まめうち平のベンチでひと息　**5** 蝶ヶ岳から常念岳に続く稜線が見えてきました　**6** 瞑想の丘には山名板があります　**7** 槍ヶ岳から穂高岳に続く尾根が一望のもと　**8** 蝶ヶ岳の山頂に到着！

PART1　山頂を目指そう｜03 蝶ヶ岳　CHOGATAKE

DAY1　砂利の林道を進み、登山補導所の先から本格的な山道になります。明るい広葉樹の林、見上げれば木漏れ日がキラキラしています。オブジェのような「ゴジラみたいな木」を過ぎるとほどなく樹林は針葉樹に変わり、ベンチのある広場、まめうち平でひと休み。

シダとコケのステキな森を過ぎ、つづら折りの急な登りを詰めていきます。少し進むと石がゴロゴロした道に。「悪路」と看板も出ていてドキドキしますが、ところどころにベンチもあります。そして、標高2500m付近の最終ベンチを過ぎたあたりから、右手に白い山が見えてきます。常念岳です。木々の間からは、蝶ヶ岳から常念岳に続く稜線も。登るうちに少しずつ近くなっていく稜線に勇気づけられながら最後のひとがんばり。草地の斜面を登り、ハイマツ帯を進んでいくと稜線に飛び出します。

目の前にどっしりとそびえる穂高岳、そして鋭く尖った槍の穂先。登ってきたがんばりが報われる一瞬です！　蝶ヶ岳はすぐそこ、一気に登頂してしまいましょう。島のような八ヶ岳と、南アルプスの山々の間には、富士山がちょこんと姿を見せています。南アルプスから右に視線を移していけば中央アルプス、御嶽山、乗鞍岳、そして槍・穂高に続いています。景色を堪能したら蝶ヶ岳ヒュッテに向かいましょう。

DAY 2　今日は来た道を戻るだけ。天気がよければ、蝶槍を往復していくとよいでしょう。

HIKING DATA

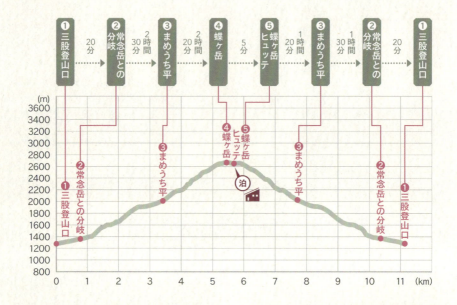

お泊まり宿

蝶ヶ岳ヒュッテ

蝶ヶ岳の山頂からすぐのところに建つ山小屋。深い谷を挟んで槍ヶ岳・穂高岳を小屋の前から眺められる、ダイナミックな展望が自慢の宿です。手ぬぐいなどオリジナルグッズもお洒落で好評です。

☎ 0263-58-2210 ／ 4月下旬～11月初旬／ 1泊2食付 9500円／個室1部屋別途 15000円／収容 250人

● アドバイス

健脚さんで日程に余裕があるならぜひトライしたいのが、蝶ヶ岳から常念岳への縦走。稜線は見た目より歩きごたえがありますが、絶景の稜線散歩が楽しめます。2日目に常念小屋泊まり、3日目はヒエ平に下山。

立ち寄り湯

ほりでーゆー四季の郷

北アルプスを望む天然ラドン温泉の露天風呂が自慢の宿。日帰り入浴も遅い時間まで対応してくれます。人気のご当地グルメである山賊焼きや信州サーモンなど、信州の食材が味わえるレストランもあり。

☎ 0263-73-8500 ／長野県安曇野市堀金烏川 11-1
日帰り入浴 10:00～21:30 ／ 530円　通年営業／ 1泊2食付 1万 800円～

● アクセス
ゆき：JR大糸線豊科駅からタクシーで30分（約6000円）、三股登山口下車。
帰り：往路を戻る。

● 問い合わせ
安曇野市役所 ☎ 0263-71-2000
南安タクシー ☎ 0263-72-2855

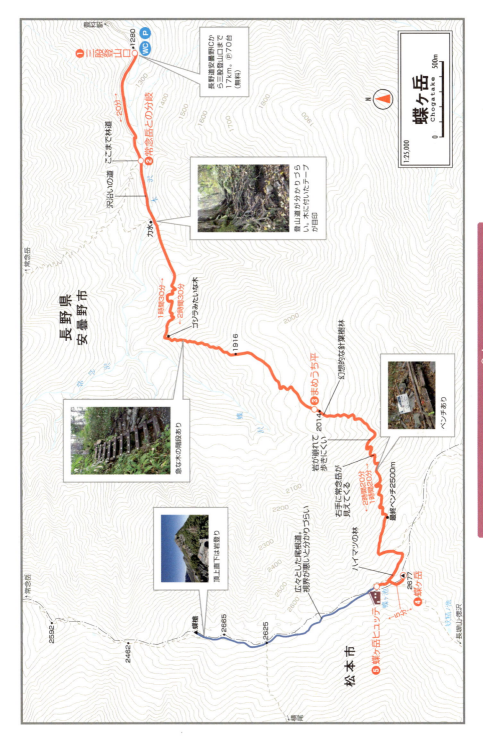

展望台から望む焼岳。荒々しくそそり立つ姿に圧倒されます

噴煙を上げ続ける上高地のランドマーク
焼岳

04
YAKE-DAKE

DATA
やけだけ
北アルプス南部
標高 2444m（北峰）

PLAN
1泊2日
1日目：3時間20分
2日目：4時間10分

LEVEL
体力：★　技術：★★

PLANNING　1泊2日

初日、昼前に上高地をスタートできればゆとりを持って歩けるはず。翌日は焼岳に登頂し、中の湯へ下山。来た道を戻って上高地に下山しても、時間はそれほど変わりません。★歩き慣れて体力のある人なら、前夜発＋上高地早朝出発で日帰りも可能です。下山後に中の湯温泉に泊まれば、翌日、中の湯バス停まで送迎あり。

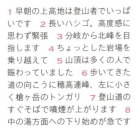

1 早朝の上高地は登山者でいっぱいです　2 長いハシゴ。高度感に思わず緊張　3 分岐から北峰を目指します　4 ちょっとした岩場を乗り越えて　5 山頂は多くの人で賑わっていました　6 歩いてきた道の向こうに穂高連峰、左に小さく槍ヶ岳のトンガリ　7 登山道のすぐそばで噴煙が上がります　8 中の湯方面への下り始めが急です

PART1 山頂を目指そう｜04 焼岳 YAKE-DAKE

DAY1　上高地から梓川（あずさがわ）を下流にたどって登山道へ。初めはクマザサの茂る平坦な道、そのうちにうっそうと茂るシラビソの林、ときどき焼岳の姿が見えます。登っているうちにだんだん空が開け、切れ落ちたガケや鉄バシゴを進んでいくと、岩の庭園のような景観に。ほどなく荒々しい岩の焼岳山頂が目の前に現れます。さらに長い垂直のハシゴを登って岩場を越えると、笹に覆われた伸びやかな景色が広がります。笹の斜面を登り、少し下ると焼岳小屋です。

DAY2　道標に従って岩の間を登っていくと、すぐに焼岳展望台へ。焼岳が目の前にそびえ、振り返ると穂高連峰（ほたかれんぽう）も眺められます。ここからはいったんずうっと下って、登り返します。滑りやすいザラザラの斜面の下り、そして大岩をぬうような登り。息を切らせて登り続けると、焼岳北峰・南峰の分岐。噴煙が上がって硫黄の匂いが漂っています。岩場をガシガシと登っていけば、焼岳山頂（北峰）に到着です。

北東の方向に大きくそびえるのは穂高連峰、その左側に槍ヶ岳。白っぽく目立つ山は笠ヶ岳です。穂高連峰の右手の麓は上高地です。

分岐まで戻ったら、岩に書かれた矢印に従って中の湯方面へ下山。噴煙が間近で上がる斜面を眺めながら進み、右手に池が現れたら左の下山道へ進みます。初めは急で浮き石も多く気が抜けませんが、眺めはよく、秋にはナナカマドやダケカンバの紅葉も見事です。

HIKING DATA

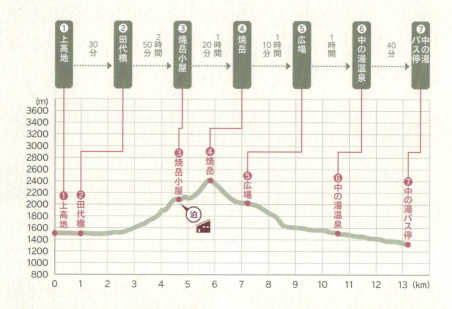

① 上高地 — 30分 — ② 田代橋 — 2時間50分 — ③ 焼岳小屋 — 1時間20分 — ④ 焼岳 — 1時間10分 — ⑤ 広場 — 1時間 — ⑥ 中の湯温泉 — 40分 — ⑦ 中の湯バス停

お泊まり宿

焼岳小屋

新中尾峠に建つ、昔ながらの雰囲気をかもし出す山小屋。夜はランプの灯りに心癒やされます。小屋の周りは樹林に囲まれて見晴らしがきかないですが、数分登ったところにある展望台からの夕陽の眺めがステキ。

☎ 090-2753-2560 ／ 6月上旬〜10月下旬／ 1泊2食付 8000円／収容 25人

●アドバイス

焼岳は火山活動を続けている山。現在も南峰は立ち入り禁止です。活動が活発になると全山入山禁止になることもあります。気象庁の火山情報サイトなどで、出かける直前に最新の情報を得て入山してください。

立ち寄り湯

中の湯温泉旅館

釜トンネルそばに建つ山あいの温泉宿で、良質の掛け流しの温泉が心地よいです。男女別の露天風呂があり、穂高連峰や霞沢岳の眺めが楽しめます。風呂上がりには広々したロビーで休憩していきましょう。

☎ 0263-95-2407 ／長野県松本市安曇 4467
日帰り入浴 12:00〜17:00 ／無休／ 700円　通年営業／
1泊2食付 1万 950円〜

●アクセス

ゆき：JR松本駅から松本電鉄で 30分（700円）、新島々でアルピコ交通バスに乗り換えて 1時間 5分（1950円）、上高地バスターミナル下車。
帰り：中の湯温泉からアルピコ交通バスで新島々まで 1時間（1700円）、新島々からは往路を戻る。
※上高地行きバスは 4月下旬〜11月 15日の運行。

●問い合わせ

松本市アルプス観光協会 ☎ 0263-94-2221
アルピコ交通新島々営業所 ☎ 0263-92-2511

月の砂漠を思わせるような荒涼とした眺め。祠のあるピークが剣ヶ峰

手軽に楽しめる高山のお花畑、360度の大展望
乗鞍岳

PLANNING 日帰り

健脚さんでなくても日帰りが可能ですが、おすすめは畳平周辺の宿泊施設に前夜泊または下山後に1泊するか。標高2700mで眺める夕陽や朝日、満天の星空が魅力です。☆温泉好きなら、下山後に山麓の乗鞍高原温泉、あるいは平湯温泉に泊まりたいもの。どちらも良質の温泉を満喫できます。

05
NORIKURA-DAKE

DATA
のりくらだけ
北アルプス南部
標高 3026m

PLAN
日帰り
3時間20分

LEVEL
体力：★　技術：★

1 乗鞍高原から望む乗鞍岳。いくつかの山からできていることが分かります　2 登山道がスタート　3 見えているピークは蚕玉岳です　4 古い石碑が残っていました　5 山頂には鳥居と祠が　6 山頂から来た道を眺めて　7 雲の間から見える山々。左のトンガリが槍ヶ岳、右は穂高岳　8・9 畳平は高山植物の楽園です

PART1　山頂を目指そう｜05 乗鞍岳　NORIKURA-DAKE

DAY1　乗鞍岳は、標高3026mの剣ヶ峰を最高峰とする、いくつかの山々の総称です。標高2700mのバスターミナルから標高差300mほどで登頂できる、「日本で最も短時間で登れる3000m峰」でもあります。

　乗鞍畳平バスターミナルをスタート。石畳の階段を登り切り、広い砂利道の車道を進みます。左側を眺めると、乗鞍エコーラインがくねくねと続いているのが見えます。肩の小屋からいよいよ本格的な山道です。整備された歩きやすい登山道ですが、滑りやすい砂地の部分もあるのでちょっと注意して。ゆっくり歩きながら来た道を振り返ってみましょう。歩いてきた道、畳平バスターミナルが眺められ、その向こうには穂高連峰がそびえています。蚕玉岳のあたりに来ると、右手に青々とした水をたたえた権現池が見えます。どこから水が来ているのか、なぜきれいな水色なのか、不思議です。

　乗鞍岳頂上小屋まで来れば山頂まではあと一息。オリジナルのおみやげもあるので、少し休んでいきましょう。山頂の鳥居も間近に見えています。木の鳥居をくぐり、山頂に到着！　南側には噴煙を上げる木曽御嶽山が間近に、その先には中央アルプス、南アルプスが眺められます。振り返れば穂高連峰の奥に槍ヶ岳の姿も。ワクワクするような景色が広がっています。

　帰りは来た道を戻ります。下山後、時間が許せば畳平のお花畑や鶴ヶ池を散策しましょう。

HIKING DATA

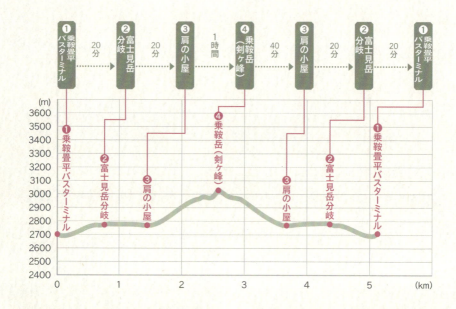

① 乗鞍畳平バスターミナル —20分— ② 富士見岳分岐 —20分— ③ 肩の小屋 —1時間— ④ 乗鞍岳（剣ヶ峰） —40分— ③ 肩の小屋 —20分— ② 富士見岳分岐 —20分— ① 乗鞍畳平バスターミナル

お泊まり宿

乗鞍白雲荘

標高2700mの畳平に建つ宿泊施設。ご来光の名所・大黒岳までは徒歩20分程度です。男女交替制で風呂に入ることができます。客室は、ハイシーズン以外は個室利用が可能です。

☎ 090-3480-3136／6月下旬～10月上旬／1泊2食付 8000円～／収容60人

銀嶺荘
☎ 090-3300-3145／7/1～10月中旬／1泊2食付 8800円～／収容49人

肩の小屋
☎ 0263-93-2002／6月下旬～10月下旬／1泊2食付 9000円／収容200人

● **アドバイス**

乗鞍畳平バスターミナルの建物の裏手には、高山植物のお花畑が広がり、初夏から初秋にかけて約180種類もの高山植物が見られます。見頃は7月下旬～8月上旬。遊歩道が整備され、1周約30分で回ることができます。

立ち寄り湯

湯けむり館

肌触りのよい白い濁り湯が特徴の、乗鞍高原温泉の日帰り入浴施設。男女別の露天風呂があり、湯船からは登ってきた乗鞍岳を眺めることができます。パスタやピザが味わえるレストランもあります。

☎ 0263-93-2589／長野県松本市安曇4306-4
9:30～20:00 受付／第3または第4火曜休／720円

● **アクセス**

ゆき：JR松本駅からアルピコ交通バスで1時間40分（往復3300円）、乗鞍高原・観光センター前バス停で乗り換え50分（往復2500円）、乗鞍畳平バスターミナル下車。
帰り：復路を戻る。
※畳平はマイカー規制があり、乗鞍高原または平湯温泉からシャトルバスを利用。平湯温泉～乗鞍畳平バスターミナルは所要1時間（往復2300円）。

● **問い合わせ**

飛騨乗鞍観光協会 ☎ 0577-78-2345
アルピコ交通新島々営業所 ☎ 0263-92-2511

白い岩の屏風のような宝剣岳。草原は夏にお花畑となります

白い岩峰が美しい高山植物の楽園
木曽駒ヶ岳

DATA
きそこまがたけ
中央アルプス
標高2956m

PLAN
1泊2日
1日目：4時間50分
2日目：1時間30分

LEVEL
体力：★　技術：★★★（宝剣岳に行かなければ★）

PLANNING 1泊2日

歩き慣れた人なら前夜発日帰りで問題ないルートですが、時間が許せば山での1泊がおすすめ。山小屋に慣れていない人でも、ロープウェイ山頂駅に直結のホテル千畳敷があります。★乗越浄土〜宝剣岳へのルートは激烈に危険度の高い岩場です。初心者同士では絶対にNG！　雨で濡れたときに行くのも避けましょう。

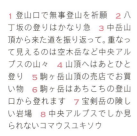  

1 登山口で無事登山を祈願　2 八丁坂の登りはかなり急　3 中岳山頂から来た道を振り返って。重なって見えるのは空木岳など中央アルプスの山々　4 山頂へはあとひと登り　5 駒ヶ岳山頂の売店でお買い物　6 駒ヶ岳はあちこちの登山口から登れます　7 宝剣岳の険しい岩場　8 中央アルプスでしか見られないコマウスユキソウ

PART1 山頂を目指そう｜06 木曽駒ヶ岳 KISO-KOMAGATAKE

DAY1　まずは駒ヶ岳ロープウェイで千畳敷へ。白い岩峰がお碗の形のようにくぼ地を囲む千畳敷カールが出迎えてくれます。くぼ地の草原には夏には高山植物が咲き乱れています。白い岩と白や黄色の花、青々とした草原が織りなす、すばらしい景色です。八丁坂の分岐から、石段、石畳のような登山道を登っていきます。登るうちに空がどんどん近くなり、登り切った乗越浄土に2軒の山小屋が建っています。

高山らしい、荒涼とした道を、小さなアップダウンを繰り返しながら登っていきます。駒ヶ岳神社の社が建つ木曽駒ヶ岳の山頂は、まさに360度の展望。長く続く中央アルプスの稜線、間近に見える木曽御嶽山。南アルプス、北アルプスも見渡せます。山頂からは馬の背方面に足を延ばすと、登山者の数もずっと少なくなります。八合目から濃ヶ池に立ち寄って乗越浄土まで戻ります。青々とした水をたたえた濃ヶ池もちょっとした絶景スポット。湖面に映る「逆さ宝剣」が見られたらラッキーです。

DAY2　今日は千畳敷に下山するだけ。岩場を歩き慣れている人なら、宝剣岳を往復してみましょう。乗越浄土から山頂までは約20分ですが、険しい岩場、鎖場が続きます。かなりの高度感ですから、十分慎重に。そして怖いと思ったら迷わず引き返しましょう。それほど広くない岩峰の山頂は、前日登った木曽駒ヶ岳とはまた違った感動があるでしょう。

HIKING DATA

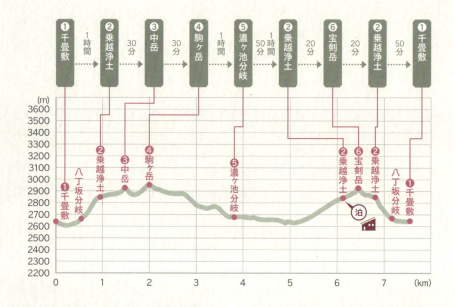

お泊まり宿

宝剣山荘
乗越浄土に建つ山小屋。小屋の前からは、南アルプスや八ヶ岳の絶景が満喫できます。駒ヶ岳登頂後には人気のソフトクリームをどうぞ。売店ではオリジナルグッズも販売しています。

☎ 090-5507-6345 ／ GW、5月下旬～11月初旬 ／ 1泊2食付 8700円 ／ 収容 120人

ホテル千畳敷
☎ 0265-83-3844 ／ 通年営業 ／ 1泊2食付 1万 1800円～／ 収容 72名（全16室）

天狗荘
☎ 090-5507-6345 ／ 7月上旬～10月上旬 ／ 1泊2食付 8700円／収容 200人（要予約）

駒ヶ岳頂上山荘
☎ 090-5507-6345 ／ 7月上旬～10月上旬 ／ 1泊2食付 8700円／収容 90人

立ち寄り湯

早太郎温泉こまくさの湯
駒ヶ岳ロープウェイしらび平駅からバスで40分の日帰り温泉入浴施設。露天風呂からは中央アルプスのすばらしい眺めが楽しめます。明るいガラス張りの大浴場にはジェット風呂や薬湯もあります。

☎ 0265-81-8100 ／ 長野県駒ヶ根市赤穂 759-4
10:00 ～ 21:00 ／ 第2・4水曜休 ／ 610円

● アクセス
ゆき：JR飯田線駒ヶ根駅から伊那バスまたは中央アルプス観光バスで45分（1030円）、しらび平へ。しらび平からロープウェイ8分（往復2260円）で千畳敷へ。
帰り：往路を戻る。

● 問い合わせ
駒ヶ根市役所 ☎ 0265-83-2111
伊那バス駒ヶ根営業所 ☎ 0265-83-4115
中央アルプス観光（ロープウェイ）☎ 0265-83-3107

● アドバイス
千畳敷は高山植物の宝庫、紅葉の名所としても知られています。例年の高山植物の花の見頃は7月中旬～8月下旬にかけて。山頂から千畳敷周辺の紅葉の見頃は9月下旬～10月上旬にかけてです。

駒津峰から双児山への下りで甲斐駒ヶ岳を振り返って。ほれぼれするような白い岩肌

白く端麗な山姿は南アルプスの貴公子

甲斐駒ヶ岳

PLANNING　1泊2日

仙水小屋に泊まれば2日目の行程をやや短くできますが、いずれにしても1日で歩くには歩行時間も長く標高差もかなりある、健脚向けのルートです。
★さらに体力に余裕があるなら、北沢峠にもう1泊して仙丈ヶ岳（P.56）に登っても。

07
KAI-KOMAGATAKE

DATA
かいこまがたけ
南アルプス
標高2967m

PLAN
1泊2日
1日目：10分
2日目：6時間40分

LEVEL
体力：★★★　技術：★★

KAI-KOMA GATAKE DAY2

長衛小屋の
おにぎり弁当！

やっと
ここまで
来たよ〜！

ライチョウも
いますよ♪

1 妖精のいそうな苔むした樹林 **2** 初めにいきなりロープ付きの岩場が **3** 紅葉の見頃は9月中旬〜下旬です **4** 樹林が切れたら甲斐駒ヶ岳が見えてきましたよ **5** 人々が思い思いにくつろぐ駒津峰の山頂

PART1 山頂を目指そう｜07 甲斐駒ヶ岳 KAI-KOMAGATAKE

DAY1 初日は北沢峠の山小屋へ。道標に従って林道を歩けば、すぐに長衛小屋に到着します。早めに休んで翌日に備えます。

DAY2 歩き始めは苔むした幻想的な樹林帯。初めからちょっとした岩場もあって緊張します。ゴロゴロした石が積み重なった歩きにくい斜面を横切るように登っていくと、仙水峠に到着。目の前に立ちはだかる白い岩肌を見せる山が、これから登る甲斐駒ヶ岳。標高差もずいぶんありそうで、かなり気合いが入ります。

仙水峠から駒津峰までは、かなり急な登りが続きます。とにかくペースを上げすぎずに一歩ずつ。初めは見晴らしのきかない樹林帯ですが、登っていくうちに眺めがよくなってきます。お隣の仙丈ヶ岳、さらには北岳も大きくそびえています。富士山の姿が見えれば、駒津峰のピークはもうすぐです。

駒津峰からはスリリングな岩場歩きが続きます。大きな六方石の先で道は二つに分かれますが、直進すると岩場直登コース。足がすくむような大岩の登りが続く熟練者向けのコースですから、ここは右側に進路を取りましょう。少し

富士山、
やっと会えたね

KAI-KOMA GATAKE

DAY2

1 駒津峰から甲斐駒ヶ岳を眺めて **2** 巨大な六方石。山の上にこんな形の岩があることが不思議です **3** 富士山が頭をのぞかせていました **4** 花崗岩の白砂が続く山頂への道

　樹林帯を進み、見晴らしが開けると白砂がキラキラと輝く斜面に。山頂へジグザグと道がつながっています。周りの景色を楽しみながら進み、登り切ったところが石の祠がある甲斐駒ヶ岳の山頂です。間近に見える南アルプスや奥秩父の山々、そして北アルプスの山々、八ヶ岳。すばらしい景色に、登ってきた苦労も忘れてしまいます。

　山頂から駒津峰まで、来た道を戻ります。白砂の道は下りが少し滑りやすいから十分注意しましょう。途中、時間と体力に余裕があれば摩利支天を往復してもいいでしょう。駒津峰からは双児山を経由して北沢峠に下ります。下り始めはかなり急。ハイマツが茂る斜面を、目の前にそびえる仙丈ヶ岳に向かって下っていく感じです。

　双児山を過ぎると樹林に入り、眺めはよくなくなります。整備はされていますが、それなりに急で、木の根が出ているようなところもあります。最後まで気を抜かずに歩きましょう。「○合目」の道標に勇気づけられながらひたすら歩くうちに、ゴールの北沢峠に到着です。

PART1 山頂を目指そう ― 07 甲斐駒ヶ岳 KAI-KOMAGATAKE

山頂に到着
やったね！

5 山頂まではあとわずか。右手に見えるのは北岳です　6 多くの人で賑わう甲斐駒ヶ岳の山頂　7 祠にはわらじが奉納されていました　8 摩利支天には剣や石碑がたくさんありました　9 とにかく長い樹林の下り

053

HIKING DATA

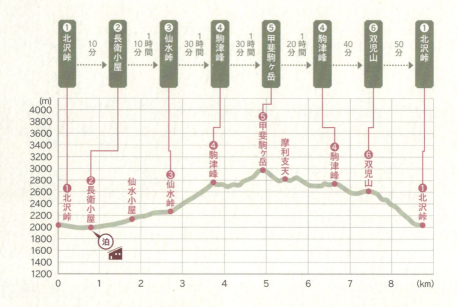

お泊まり宿

長衛小屋

北沢峠の樹林の中に建つ山小屋。小屋に入ってすぐの談話スペースには薪ストーブがあって落ち着きます。シャワールームや更衣室、登山装備の乾燥コーナーなど、施設が充実しています。

☎ 090-2227-0360（期間外 090-8485-2967）／6月中旬～11月上旬／1泊2食付8200円／収容56人（予約制）

北沢峠こもれび山荘
☎ 080-8760-4367／4月下旬～11月上旬／1泊2食付8500円／収容110人

仙水小屋
☎ 080-5076-5194／通年営業／1泊2食付7000円／収容30人

立ち寄り湯

仙流荘

伊那方面からの起点となる地に建つ宿。南アルプスの地下水を使った風呂で心地よく山帰りの汗を流せます。広々とした大浴場や風情あふれる露天風呂からは、南アルプスの山並みが眺められます。

☎ 0265-98-2312／長野県伊那市長谷黒河内1847-2／日帰り入浴10:00～22:00／600円／通年営業／1泊2食付9000円

● アクセス
ゆき：JR中央本線甲府駅から山梨交通バスで2時間（2050円）、広河原で南アルプス市営バスに乗り換え25分（750円）、北沢峠下車／JR飯田線伊那市駅からJRバス25分（520円）、高遠で伊那市営バスに乗り換え30分（310円）、仙流荘で南アルプス林道バスに乗り換え55分（1130円）、北沢峠下車。
帰り：往路を戻る。

● 問い合わせ
南アルプス市役所 ☎ 055-282-1111
伊那市役所長谷総合支所 ☎ 0265-98-2211
山梨交通バス ☎ 055-223-0821

● アドバイス
北沢峠からのバスは、広河原行きも仙流荘行きも本数が多くありません。帰りのバスの最終時間は必ず確認。

小仙丈ヶ岳から仙丈ヶ岳を目指して。左のくぼみは小仙丈沢カールです

たおやかに裾野を広げる南アルプスの女王
仙丈ヶ岳

08
SENJOGATAKE

DATA
せんじょうがたけ
南アルプス
標高 3033m

PLAN
1泊2日
1日目：4時間20分
2日目：2時間40分

LEVEL
体力：★★　技術：★

PLANNING　1泊2日

山頂近くの山小屋に泊まる1泊2日のコースにすれば、1日の歩行時間も短く、快適に歩けます。★健脚さんなら、前夜発または前夜に北沢峠の山小屋に泊まり、早朝に登山口を出れば往復できるでしょう。さらに体力があれば、北沢峠にもう1泊して翌日に甲斐駒ヶ岳往復も。

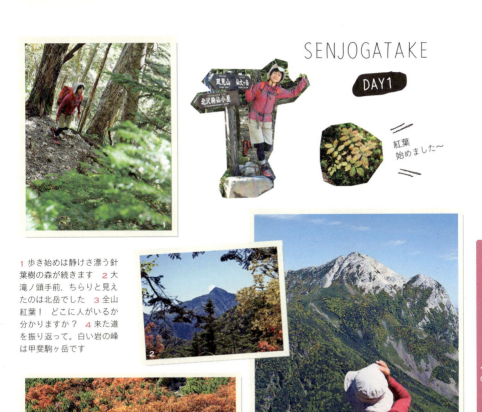

SENJOGATAKE
DAY1

紅葉始めました〜

1 歩き始めは静けさ漂う針葉樹の森が続きます　2 大滝ノ頭手前、ちらりと見えたのは北岳でした　3 全山紅葉！　どこに人がいるか分かりますか？　4 来た道を振り返って。白い岩の峰は甲斐駒ヶ岳です

PART1　山頂を目指そう｜08 仙丈ヶ岳 SENJOGATAKE

DAY1　スタートは甲斐駒ヶ岳と同じく北沢峠から。仙丈ヶ岳を目指すには、尾根道のルートと沢沿いのルートがありますが、尾根道を登ります。歩き始めからやや急な樹林帯の登りです。シラビソやツガなどの針葉樹林、足元のコケがふわふわして気持ちよさそうです。「○合目」の看板が付いているので、到達感があるのもちょっといい感じ。三合目の手前あたり、振り返ると甲斐駒ヶ岳の白い頂上がちらりと眺められます。さらに大滝ノ頭（五合目）近くまで来ると左手に見える独特の形の山。北岳です。

大滝ノ頭からは小仙丈ヶ岳を経由して仙丈ヶ岳を目指します。ここからしばらくは急な登りですが、小仙丈ヶ岳まで来ると、目の前に仙丈ヶ岳が姿を現します。すり鉢のようにえぐれた、カール地形がよく分かります。北岳の隣には富士山が姿を見せ、歩いて来た方向には甲斐駒ヶ岳の後ろに八ヶ岳が。

ここから見た目はとてもなだらかで気持ちよさそう…なのですが、ちょっときつい登りやザラザラとした砂利道もあります。登った！と思ったらその先にまだ道が続く…というのも何

なだらかに
見えたのに〜

花のイラスト
かわいいです

1 岩をガシガシ登るところも
あります **2** 登り切った！と
思ったら、山頂がまだまだ先
でへこんでます **3** やっと山
頂！ **4** 山頂は岩がゴロゴロ
しています

度かあり、なかなかがんばりどころです。周りの景色を楽しみながら、ゆっくり行きましょう。足元に目をやれば、夏はイワウメやミヤマダイコンソウなど、岩場の高山植物がかわいらしい姿を見せてくれています。

　最後の登りを登り切れば、標高3033mの仙丈ヶ岳に到着。360度のパノラマが広がっています。間近に見える真っ白い甲斐駒ヶ岳、北岳や富士山。天気に恵まれれば北アルプスもすべて。目をこらせば槍ヶ岳のトンガリも見えています。山頂からはカールを回り込むように進み、仙丈小屋を目指します。

DAY2　早起きしてご来光を満喫したら出発。下り始めは少し急ですが、ほどなくダケカンバやナナカマドが茂る樹林に入り、緩やかで歩きやすい道になります。薮沢を渡るところで道が分岐します。どちらに進んでも北沢峠に着きますが、登りに歩いた尾根道に出られるルートに進みましょう。

　大滝ノ頭まで来れば、あとは来た道を戻るだけ。苔むした静かな樹林を味わいながら、北沢峠を目指します。

SENJOGATAKE

DAY2

5 歩いてきた仙丈ヶ岳を振り返って 6 仙丈小屋から山頂を眺めて。いい山だったなぁ 7 紅葉のトンネル 8 最近は韓国語の表記もあるのです 9 9月下旬、ダケカンバやナナカマドが紅葉の見頃を迎えていました

08

HIKING DATA

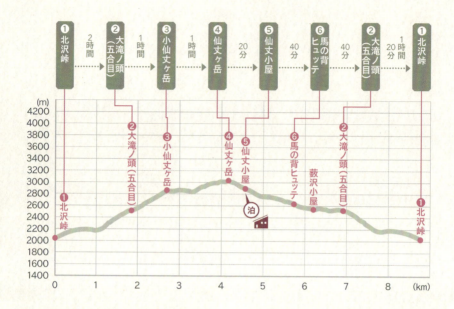

お泊まり宿

仙丈小屋
仙丈ヶ岳の山頂部、薮沢カールの中に建つ、抜群のロケーションを誇る山小屋。小屋の中から仙丈ヶ岳の山頂も眺めることができます。地元産の米を圧力釜で炊いたご飯はおかわり自由です。

☎ 090-1883-3033 ／ 6月中旬～10月下旬／ 1泊2食付 8500円／収容 55人

北沢峠こもれび山荘
☎ 080-8760-4367 ／ 4月下旬～11月上旬／ 1泊2食付 8500円／収容 110人

長衛小屋
☎ 090-2227-0360 ／ 6月中旬～11月上旬／ 1泊2食付 8200円／収容 56人

馬の背ヒュッテ
☎ 0265-98-2523 ／ 7月中旬～10月中旬／ 1泊2食付 8500円／個室1部屋別途 8000円／収容 100人

大平山荘
☎ 0265-78-3761 ／ 7月上旬～10月下旬／ 1泊2食付 8500円／収容 80人

立ち寄り湯

金山沢温泉
中部縦貫道白根ICから車で25分、金山沢公園にある日帰り入浴施設。木々の緑や山の景色を眺めて入る露天風呂が快適です。公園内にはバーベキュー施設もあります。営業時間は季節により変動あり。

☎ 055-288-2244 ／山梨県南アルプス市芦安芦倉1525 ／ 10:00～19:00 ／ 4月上旬～11月下旬営業。火曜休（7・8月は無休）／ 850円

● アクセス
ゆき：JR中央本線甲府駅から山梨交通バスで2時間（2050円）、広河原で南アルプス市営バスに乗り換え25分（750円）、北沢峠下車／ JR飯田線伊那市駅からJRバス25分（520円）、高遠で伊那市営バスに乗り換え30分（310円）、仙流荘で南アルプス林道バスに乗り換え55分（1130円）、北沢峠下車。
帰り：往路を戻る。

● 問い合わせ
南アルプス市役所 ☎ 055-282-1111
伊那市役所長谷総合支所 ☎ 0265-98-2211
山梨交通バス ☎ 055-223-0821

● アドバイス
山頂直下の小屋に泊まる楽しみの一つがご来光登山。小屋から山頂までは30分ほどの登りです。

山頂への道。下に見えているのは肩の小屋、奥に見えている三角形の山は甲斐駒ヶ岳

3000m級の稜線につながる日本第二位の山
北岳

PLANNING 前夜発＋1泊2日

歩行時間は短く見えますが、かなりの急斜面を登り続けるルートなので、体力が必要。
☆余裕を持った行程にするなら、2日目は肩の小屋から軽い荷物で山頂を往復したあと、小太郎尾根分岐から草すべりを下って白根御池小屋でもう1泊。

09
KITA-DAKE

DATA
きただけ
南アルプス
標高 3193m

PLAN
前夜発＋1泊2日
1日目：5時間30分
2日目：4時間10分

LEVEL
体力：★★★　技術：★★

KITA-DAKE
DAY1

レトロな石碑
見つけました

今日も1日
がんばりました

ちょっとだけ
クライマー気分

1 大樺沢の雪解け水は冷たくていい気持ち　2 ガスに覆われた北岳が右手に見えてます　3 広々とした小太郎尾根分岐に到着　4 肩の小屋までにはこんな鎖場も　5 眺めがよくて立ち止まってしまいます

DAY1　広河原の吊り橋を渡って、登山道に。心地よい広葉樹の林、何度か沢を渡りながら進んでいきます。白根御池の分岐から、大樺沢沿いの道に進みます。沢のせせらぎが響く、涼やかな道です。歩いているうちに、河原のように目の前が開け、北岳が姿を現します。黄色や白、紫の花々が咲く、背の高い草原の中を進むうちに、どんどん北岳が近くなっていきます。

二俣からは右俣コースに進みます。背の高さほどの草が茂る斜面は、見た目以上にかなり急。ここは焦らず、ゆっくり歩いていきましょう。ジグザグと山の斜面を登っていきます。夏にはコバイケイソウやミヤマキンポウゲなど、草花のお花畑が広がっています。白根御池小屋との合流点を過ぎ、さらに急な登りを詰めると、ぽっかりと小太郎尾根との分岐点に到着。

北側に目をやると、白く端正な姿を見せる甲斐駒ヶ岳が印象的です。東側に見える白く連なる山々が鳳凰三山。八ヶ岳も、中央・北アルプスも遠くに眺められます。ひたすら登ってきたご褒美のような景色が広がっています。ここから肩の小屋まではいくつかの小ピークを越えて

わーい、やっと着いた〜

山で生ビールいいでしょ〜♪

KITA-DAKE
DAY2

山頂で待ってますよ

1 肩の小屋に到着しました 2 オリジナルのバンダナもかっこいいです 3 山頂が見えましたよ！ あとひと息です！ 4 登山者で賑わう山頂。南アルプス南部の山々が後ろに広がります 5 よくがんばりました！

いきます。歩いていく左手に見えているのは富士山。右には仙丈ヶ岳。景色がステキすぎて何度も立ち止まりながら、肩の小屋に到着です。
DAY2 肩の小屋から北岳山頂までは30〜40分の道のり。岩がゴロゴロする道を登っていきます。登りが急なぶん、自分のいる場所がどんどん高くなっていくのが分かります。振り向けば甲斐駒ヶ岳、鳳凰三山。景色にため息をつきながら登っていくうちに、北岳の山頂に到着します。標高日本第2位の山、すばらしい展望が広がっています。南側に目を向けると、北岳から間ノ岳、農鳥岳へとステキな稜線が続いていて、いつかはここを歩いてみたい…と思うでしょう。

北岳山頂から、間ノ岳方面に少し下り、吊り尾根分岐で八本歯方面に下ります。大きな岩をぬうように進み、ほどなく長いハシゴが始まります。八本歯のコルから二俣を目指して下っていきますが、丸太のハシゴが連続するかなり急な下り。沢沿いに出ても少し道が分かりにくいところもあり、下山とはいえ全く気が抜けません。二俣から先は、来た道を戻ります。

PART1 山頂を目指そう ｜ 09 北岳 KITA-DAKE

岩のマークを慎重にチェック

草原の花があちこちに

6 北岳から間ノ岳、農鳥岳へ続く3000mの稜線を眺めて下ります。いつか歩きたいステキなルートです 7 下りは階段が続きます 8 道の分かりにくい岩場は慎重に 9 広河原山荘に到着。ゴールはもう間近です

065

HIKING DATA

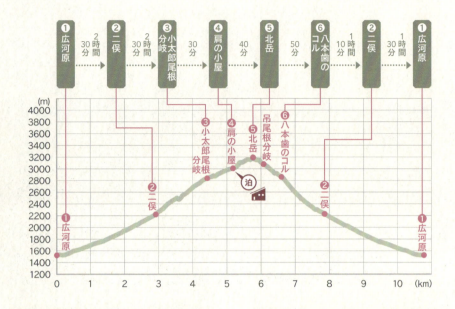

| ① 広河原 | → 2時間30分 | ② 二俣 | → 2時間30分 | ③ 小太郎尾根分岐 | → 30分 | ④ 肩の小屋 | → 40分 | ⑤ 北岳 | → 50分 | ⑥ 八本歯のコル | → 1時間10分 | ② 二俣 | → 1時間30分 | ① 広河原 |

お泊まり宿

肩の小屋

北岳山頂直下、標高3000mに建つ山小屋。小屋の前から眺める富士山や南アルプスの山々が格別です。夕方、条件が合えばブロッケン現象も！　館内には高山植物や風景の写真が展示されています。

☎ 055-288-2421・090-4606-0068／6月中旬〜11月上旬／1泊2食付8000円／収容150人

広河原山荘
☎ 090-2677-0828／6月中旬〜11月上旬／1泊2食付8200円／個室1部屋別途5000円／収容80人

白根御池小屋
☎ 090-3201-7683／6月中旬〜11月上旬／1泊2食付8300円／個室1部屋別途5000円／収容120人

立ち寄り湯

白峰会館

芦安駐車場・バス停のすぐそばに建つ日帰り温泉。大浴場と、石根付きの露天風呂があり、目の前に山の眺めが広がっています。地元の山里料理が味わえる食事どころや、別棟で宿泊施設も併設しています。

☎ 055-288-2321／山梨県南アルプス市芦安芦倉1570／9:00〜16:00／4月下旬〜11月下旬営業、期間中無休／850円

● アクセス
ゆき：JR中央本線甲府駅から山梨交通バスで2時間（2050円）、広河原下車。
帰り：往路を戻る。

● 問い合わせ
南アルプス市役所 ☎ 055-282-1111
山梨交通バス ☎ 055-223-0821

● アドバイス
大樺沢沿いの登山道は、大雨のときには水が流れて歩くのが困難になります。そのときは白根御池小屋に向かう尾根道を進みましょう。7月までは雪渓があり、軽アイゼンを持っていきます。

咲いている場所で見分ける
高山の花図鑑

足元に咲くかわいらしい高山植物を「おおよそ咲いている場所」別に紹介します。いくつ見つけられますか?

高地の草原

ハクサンイチゲ 夏
フサフサした感じの葉と独特の形の花が岩場や草原でよく目立ちます。

ミヤマキンポウゲ 夏
花の直径が2cmほど、質感のある花びらがピカピカしています。

ミヤマキンバイ 夏
花の直径は2cmほど、草の丈が低く、葉はギザギザした三つ葉です。

ハクサンフウロ 夏
ピンクの花びらは、よく見ると赤紫色の筋が入っています。

ウサギギク 夏
花の直径は5cmぐらい。葉がウサギの耳に似ているのが名の由来です。

クルマユリ 夏
オレンジ色の小ぶりなユリ。葉が同じところから車輪状に出ています。

ハクサンチドリ 夏
ランのような小さな花がたくさん、茎の先端に咲いています。

ヨツバシオガマ 夏〜初秋
葉が同じところから4本出ているから「四ツ葉」シオガマ。

ミヤマオダマキ 夏
青紫色と白の花を下向きにつけます。過酷な環境下では草丈が短めです。

ミヤマカラマツ 夏
線香花火のような、白くホワホワした花を咲かせます。

コイワカガミ 初夏〜夏
フサフサの花を下向きにつけます。葉が鏡のようにテカテカ。

ヤマトリカブト 秋
猛毒のある草花としてあまりにも有名。不思議な形の青紫色の花です。

高地の岩場

アオノツガザクラ 夏
青白いベルのような花を下向きにつけます。花の大きさは1cm弱。

イワウメ 初夏〜夏
花の形が梅の花に似ているというのが名前の由来です。

イブキジャコウソウ 夏
真夏、岩場に貼り付くように、いい匂いのする赤紫色の花をつけます。

ミヤマアズマギク 夏
直径2〜3cmぐらいの紫色の花。高地の砂れき地や草地などに咲きます。

チシマギキョウ 夏
険しい岩場に咲く青紫色の花。花姿もとても可憐です。

ミネウスユキソウ 夏
エーデルワイスの仲間。白い綿毛をつけたような葉と花です。

コマクサ 夏
他の花が生えないような高山の砂れき地にピンク色の花を咲かせます。

トウヤクリンドウ 秋
茎の先に白く細長い花を上向きに1〜4個ほど咲かせます。

チングルマ 夏
かわいい花姿で人気。秋は葉がきれいな赤色に染まり、花は綿毛状に。

ミヤマコゴメグサ 夏
花の大きさは1cm弱。白地に黄色の斑点、紫色のスジが目立ちます。

イワベンケイ 夏
厚みのある葉が特徴。茎の先に花火のような淡い黄色の花をつけます。

ハクサンシャクナゲ 夏
高山に咲くシャクナゲで木の丈は低め。ピンクのスジが入った可憐な花。

樹林帯の林床

キヌガサソウ 初夏〜夏
花の直径は10cmぐらい、高山植物の中ではかなり大きいです。

ゴゼンタチバナ 初夏〜夏
薄暗い樹林でよく目立つ白い花。秋は赤い実をつけます。

マイヅルソウ 初夏
薄暗い樹林でハート形の葉と小さな花が印象的。秋には赤い実をつけます。

ギンリョウソウ 夏
「ユウレイタケ」の別名あり。葉緑素を持たず、葉も茎も青白いです。

松本 — 北アルプスの玄関口

松本城の城下町として栄えた松本。白壁土蔵の景観が美しい中町通り、城下町の風情を再現したナワテ通りなど、町歩きの楽しみも多い町です。

おいしいもの

松本市街はそばの店が多く、おいしい湧き水を使った手打ちそばが各店で味わえます。また、北アルプスの登山者に人気のボリュームたっぷりの定食屋、洋食店なども点在します。

ひと息つくなら、蔵造りの建物を生かしたカフェや喫茶店がおすすめ。名水でいれたコーヒーをどうぞ。

おみやげ

松本は和菓子の店も多いです。城下町で茶の湯の文化とともに和菓子作りが広まったのだとか。上品な味わいの松本菓子はおみやげにも人気です。また、素朴な味わいの漬物やおやきなども喜ばれます。

松本駅の駅ビル「MIDORI」で、これらの名産品を求めることができます。

新宿から JR 中央本線特急で約 2 時間 30 分 (6900 円)、松本駅下車。白馬方面へは、松本から大糸線に乗り換え。信濃大町まで約 1 時間。高速バスでは、新宿高速バスターミナルから松本バスターミナルまで、約 3 時間 10 分 (3500 円、往復 6100 円)。

立ち寄りどころ

たくま

ボリュームたっぷりのトンカツや、じっくり煮込んだカレーが山帰りの登山者に人気です。シックな蔵造りの建物もステキ。

☎ 0263-35-6434 ／ 11:00 〜 21:00 ／月曜休／松本駅から徒歩 5 分

時代遅れの洋食屋おきな堂

古きよき時代を感じさせる店構えの洋食店。バンカラカツカレーやオムライスなどのフードメニューは懐かしさを感じさせる逸品です。

☎ 0263-32-0975 ／ 9:00 〜 22:00 (日曜、祝日は〜 18:00) ／無休／松本駅から徒歩 13 分

山屋御飴所

創業は江戸時代、300 年以上の歴史を持つ老舗の飴屋さん。昔ながらの製法、材料で作る米飴は、素朴で優しい味わいです。

☎ 0263-32-4848 ／ 9:30 〜 17:30 ／水曜休／松本駅から徒歩 10 分

PART 2

つなげて歩こう

アルプス登山に慣れてきたら
山から山へとつなげて歩く縦走にトライしてみて。
ときには雲海を下に見ながら稜線散歩。
どんどん変わっていく景色に心が躍ります。

白馬岳山頂まではあとひと息。後ろに見える尖った山は剱岳です

雪渓を登り詰めて山上のお花畑へ
白馬岳

PLANNING 前夜発＋1泊2日

前夜発で、初日は白馬岳山頂近くの山小屋まで歩き、翌日は一気に縦走、下山。前夜に山麓の猿倉荘に泊まってしっかり睡眠を取ると、初日から快適に歩けます。
☆ゆとりを持った行程にするなら、白馬大池山荘にも泊まる2泊3日に。3日目は下山のみなので、栂池自然園など湿原めぐりの時間もゆっくり取れますよ。

10
SHIROUMA-DAKE

DATA
しろうまだけ
北アルプス北部
標高 2932m

PLAN
前夜発＋1泊2日
1日目：5時間30分
2日目：5時間40分

LEVEL
体力：★★　技術：★★

SHIROUMA-DAKE DAY1

ここでしか見られない貴重な花も！

アイゼン装着準備OK！

1 おつかれさん！がなんだかうれしい　2 雪渓登りの前にアイゼンを　3 長々続く大雪渓。上に行くほど急になります　4 小雪渓は雪渓を横切るのでちょっと嫌らしいです　5 白馬岳山頂への登り。いい気持ち！

ちょっと怖いかも…

他にもいろいろな植物がたくさん

PART2 つなげて歩こう ｜ 01 白馬岳 SHIROUMA-DAKE

DAY1 猿倉(さるくら)をスタートし、明るい樹林の中を歩いていきます。1時間ほど進むと白馬尻(はくばじり)。「ようこそ大雪渓へ」と書かれた大きな岩が出迎えてくれます。少し進むとすぐに雪渓が現れるので、ここで軽アイゼンを着けます。白馬大雪渓は真夏でも雪が消えることがありません。ルートは分かりやすく紅殻がまいてありますし、ハイシーズンなら踏み跡も付いています。初めは緩やかな傾斜ですが、だんだん急になってきます。足裏全体をしっかり雪面にきかせるようにして歩きます。

雪渓が終わったところでアイゼンを外し、丸太の階段が混じる急斜面を登っていきます。雪が消えたところは草原のお花畑になっていて、シナノキンバイやハクサンイチゲなど、かわいらしい花々が疲れを癒やしてくれます。シロウマアサツキやウルップソウなど、他の山ではあまり見られない花もありますよ。しばらく進むと再び小さめの雪渓が現れます。雪の状況によっては面倒がらずにアイゼンを着けます。

お花畑に癒やされながらさらに登っていくと、白馬村営頂上宿舎に到着です。小屋から歩

SHIROUMA-DAKE
Day2

ライチョウ発見！

白馬岳にとうちゃ～く！やったね♪

小屋のご飯はバイキング♪

どこまでも岩だらけ～

1 白馬岳山頂。360度の眺めがステキ！ 2 小蓮華山への道。のびやかな稜線が快適です 3 空の色を映した青が美しい白馬大池。池のほとりには白馬大池山荘も 4 白馬乗鞍岳からの下り。岩がゴロゴロ

いて10分ほどの小ピーク、丸山は剱岳の展望ポイント。足を延ばしてみましょう。

DAY2 まず村営頂上宿舎から周りの山々を眺めながら白馬岳を目指します。山頂からは立山・剱岳の堂々とした姿が眺められます。南アルプスの山々と八ヶ岳の間には富士山が小さく、でもはっきりと。すばらしい山々の眺めを満喫したら、いよいよ稜線散歩の始まりです。左手には富山の町並み、その先には日本海の青い海がチラチラ。振り返れば白馬岳から続く稜線がステキです。足元にはコマクサなど高山植物も。

船頭の頭から雷鳥坂を下り切ると白馬大池。このあたりもチングルマやハクサンコザクラなどの高山植物がたくさん見られます。雷鳥坂のハイマツの中をよく見てみると、運がよければライチョウの姿も！ 池のほとりでゆっくり過ごしたら、白馬乗鞍岳を経て栂池へ向かいましょう。乗鞍岳周辺は大きな岩がゴロゴロしていて歩きにくい道が続きます。岩場が終わってもかなり急な下りの樹林帯。のびやかに草原が広がる天狗原のウッドデッキでひと息つき、さらにがんばって下り切ると栂池に到着です。

HIKING DATA

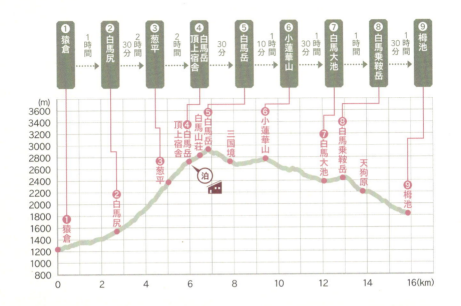

① 猿倉 → 1時間 → ② 白馬尻 → 2時間30分 → ③ 葱平 → 2時間 → ④ 白馬岳頂上宿舎 → 30分 → ⑤ 白馬岳 → 1時間10分 → ⑥ 小蓮華山 → 1時間30分 → ⑦ 白馬大池 → 1時間 → ⑧ 白馬乗鞍岳 → 1時間30分 → ⑨ 栂池

お泊まり宿

白馬岳頂上宿舎

白馬三山の稜線沿いに建つ山小屋。食事はバイキング形式。地元産の豚肉など食材にもこだわった料理で、品数も多いです。ハイシーズンには山岳相談所も設置されていて、登山道の情報なども得られます。

☎ 0261-75-3788（白馬村振興公社）／6月中旬〜10月中旬／1泊2食付9500円／個室1部屋別途4000〜8000円／収容416人

白馬山荘
☎ 0261-72-2002（白馬館）／4月下旬〜10月中旬／1泊2食付9500円／収容800人

白馬大池山荘
☎ 0261-72-2002（白馬館）／6月下旬〜10月中旬／1泊2食付9500円／収容200人

白馬尻小屋
☎ 0261-72-2002（白馬館）／7月上旬〜10月上旬／1泊2食付9500円／収容200人

猿倉荘
☎ 0261-72-4709／GW、5月中旬〜10月中旬／1泊2食付9000円／収容89人

立ち寄り湯

栂の湯

栂池高原のゴンドラ山麓駅に隣接する日帰り入浴施設。ゴンドラを降りたら直行できます。やや黄色がかった湯が疲れた体を癒してくれます。無料休憩スペースもあり。

☎ 0261-71-5111／長野県小谷村大字千国乙12840-1／12:00〜21:00／無休／700円

● アクセス
ゆき：JR白馬駅からアルピコ交通バスで30分（1000円）、猿倉下車。
帰り：栂池自然園から栂池ロープウェイ、ゴンドラリフトイブ（1920円）で栂池高原へ。アルピコ交通バスで白馬駅へ25分（560円）。
※白馬駅〜猿倉のバスはGW、夏期運行

● 問い合わせ
白馬村観光局 ☎ 0261-72-7100
アルピコ交通白馬営業所 ☎ 0261-72-3155
白馬観光開発（リフト・ゴンドラ）☎ 0261-83-2255

● アドバイス
白馬大雪渓は真夏でも雪が残ります。必ず軽アイゼンを持っていきましょう。雪渓を歩いている間は、斜面上部からの落石にも注意をしながら歩きます。

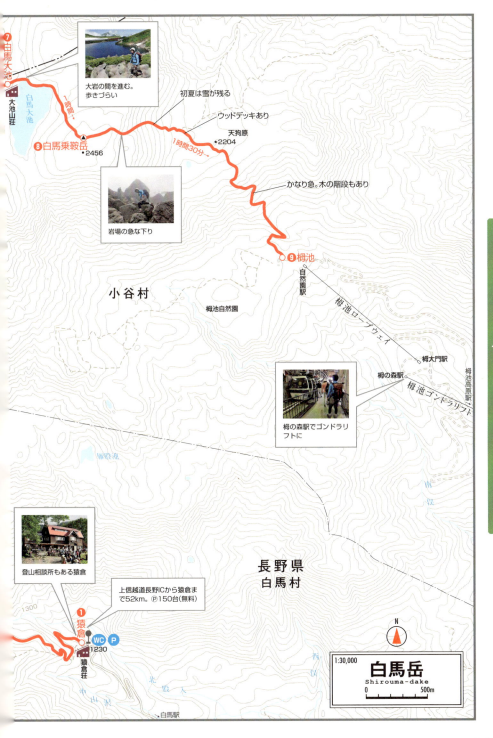

大黒岳の先から眺める、朝日を浴びて赤く染まった五竜岳

スリル満点の岩場歩きで展望の頂へ
唐松岳～五竜岳

PLANNING　2泊3日

往復ともにゴンドラを利用しますが、距離はかなり長く標高差もあるので、2泊3日の行程がおすすめ。★健脚さんなら、前夜発＋1泊2日も。初日がんばって五竜山荘まで歩き、翌日は山頂往復してから下山。唐松岳頂上山荘泊まりでもいいですが、2日目の行程がやや長いです。☆八方から唐松岳往復なら体力・技術とも★一つ。

DATA
からまつだけ～ごりゅうだけ
北アルプス北部
標高 2814m（五竜岳）

PLAN
2泊3日
1日目：3時間30分
2日目：4時間40分
3日目：3時間50分

LEVEL
体力：★★　技術：★★

KARAMATSU-DAKE
GORYU-DAKE　DAY1

ゴンドラ乗り場　計量するよ

池の周りで咲いてます

1 八方尾根屈指の絶景スポット・八方池　2 登山道ではダケカンバがのびのびと枝を伸ばしていました　3 唐松岳山頂への道。約20分の登りです

PART2 つなげて歩こう ― 唐松岳〜五竜岳　KARAMATSU-DAKE〜GORYU-DAKE

DAY1　八方池山荘から八方池までは、観光客も多く訪れるので登山道がよく整備されています。石畳のような道を歩いていきます。道の両側は草原になっていて、夏にはクルマユリやハクサンフウロなどの花が見られます。眺めもよく、第2ケルンからはこれから目指す唐松岳が見えます。八方ケルンを過ぎると八方池まではあとひと息。青々とした水をたたえた池、その向こうに見えているのは白馬三山です。池の周りを一周できるので、散策してもよいでしょう。

　ここから本格的な山道が始まります。樹林帯を過ぎ、少しヒヤヒヤとする鎖場を過ぎると、まもなく唐松岳頂上山荘の建物が現れます。

DAY2　山荘から空身で唐松岳を往復しましょう。やや急なところはありますが、おおむね歩きやすいです。山頂からは、南側に五竜岳が大きくそびえているのが見えます。北側に連なる尾根は白馬岳につながっていて、不帰嶮と呼ばれるギザギザとした岩尾根が続いています。

　唐松岳からの下りは険しい岩場が続きます。唐松岳と五竜岳のコル（一番低いところ）まで下り切ると五竜岳が壁のような姿で迫ってきま

雲に隠れて見えないよ〜

オリジナルのカップです

4 唐松岳山頂に到着 **5** 唐松岳山頂から山小屋がよく見えました **6** 山の向こうに夕陽が沈んでいきました **7** ランプの灯りが幻想的です

す。一歩ずつ登っていきましょう。足元の花や、周りの山々の景色が疲れを癒やしてくれます。

　五竜山荘から山頂までは約1時間。小屋の受付を済ませ、荷物をなるべく軽くして往復しましょう。初めは緩やかな道ですが、だんだん急になり、山頂近くなるとスリル満点の岩場が連続します。高度感抜群、手足をフルに使ってガシガシ登っていきます。

　五竜岳の山頂から、南側に大きくそびえるのは鹿島槍ヶ岳、よく見るとピークが二つあるのが分かります。天気に恵まれれば立山や剱岳、槍ヶ岳の姿も。そして唐松岳から歩いてきた稜線を眺めてみましょう。こんなに歩いてきたんだと、自分をほめたくなると思います。景色を満喫したら五竜山荘まで戻ります。

DAY3 五竜山荘からは遠見尾根を下ります。下山だけとはいえアップダウンもそれなりにあり、かなり長く歩きごたえのある尾根。途中にはお花畑や池塘もあり、ちょっと心が和みます。小遠見山でパノラマ風景は見納め。アルプス平からは、テレキャビンで約8分の空中散歩を楽しみながら下ります。

KARAMATSU-DAKE
GORYU-DAKE DAY2

ひっそりと
応援してます

ガシガシ
登っちゃえ！

PART2 つなげて歩こう || 唐松岳〜五竜岳
KARAMATSU-DAKE 〜 GORYU-DAKE

1 樹林の中でキヌガサソウが咲いていました　2 来た道を振り返って。唐松岳、白馬岳が眺められました　3 眼下に見えるのは五竜山荘。山頂はまだまだ先です　4・5 山頂直下の岩場。高度感抜群、気持ちいい！

後ろに剱岳
見えてますよ

KARAMATSU-DAKE
GORYU-DAKE　DAY3

1 山頂直下の岩場から来た道を振り帰って　**2** 五竜岳山頂は360度の大展望！　**3** ネコの耳のような二つのピークが目立つ五竜岳　**4** 遠見尾根の上部は山のお花畑でした　**5** 小遠見山からは鹿島槍ヶ岳が見られます

HIKING DATA

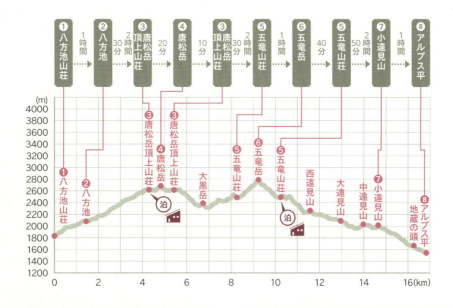

お泊まり宿

唐松岳頂上山荘

唐松岳山頂近くに建つ、昭和7年創業の老舗山小屋。ティーラウンジや食堂の窓から眺める剱岳・立山連峰や唐松岳がステキです。地元食材たっぷりの料理も楽しみ。

☎ 090-5204-7876／4月下旬～10月中旬／1泊2食付 9500円／個室あり、料金別途／収容 350人

五竜山荘

昔ながらの雰囲気を漂わせる山小屋。夕食はじっくり煮込んだカレーライス、おかわり自由です。「山が好き、酒が好き」と書かれたオリジナルのTシャツは、ぜひゲットしたい一品。

☎ 0261-72-2002（白馬館）／GW、6月中旬～10月中旬／1泊2食付 9500円／収容 300人

八方池山荘

☎ 0261-72-2855／通年営業／1泊2食付 9500円／収容 70人

● アドバイス
白馬八方は「八方の湯」「みみずくの湯」など、あちこちに温泉の日帰り入浴施設があります。

立ち寄り湯

白馬姫川温泉 竜神の湯

五竜テレキャビンの山麓駅からすぐ、エスカルプラザの中にある日帰り温泉で、下山後すぐに立ち寄れるのが魅力です。無料でくつろげる広い休憩スペースもあります。

☎ 0261-75-2101／長野県白馬村神城 22184-10／10:00～16:30（季節により変動あり）／7月中旬～10月中旬営業／650円

● アクセス
ゆき：JR白馬駅からアルピコ交通バスで5分（180円）、八方バスターミナル下車。バスターミナルから徒歩10分、八方から八方ゴンドラリフト＋クワッドリフト（1550円）で八方池へ。
帰り：アルペン平から五竜テレキャビン（950円）でとおみへ。白馬五竜バス停からJR大糸線神城駅まで徒歩20分。※白馬五竜バス停からは新宿に直行する高速バス、長野駅へ行く特急バスに乗ることができる。

● 問い合わせ
白馬村観光局 ☎ 0261-72-7100
アルピコ交通白馬営業所 ☎ 0261-72-3155
白馬観光開発（八方ゴンドラ）☎ 0261-72-3280
五竜テレキャビン ☎ 0261-75-2101

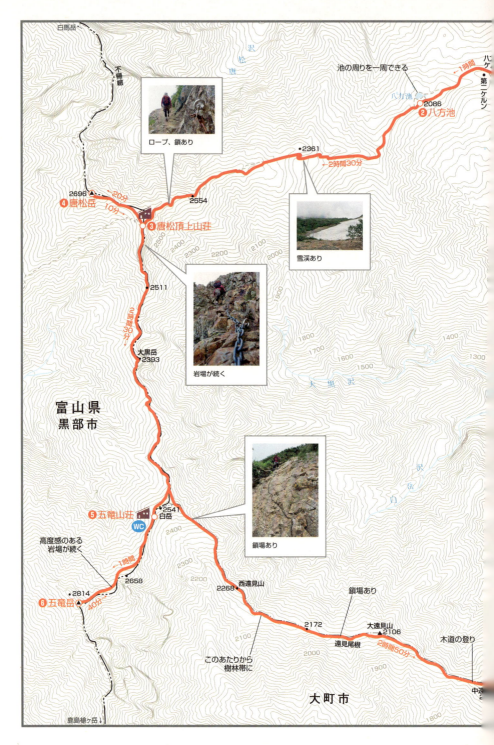

奥大日岳まであとひと登り。その先に中大日岳、大日岳と山が続いています

どこまでも続くたおやかな緑の山並み
大日三山

PLANNING 2泊3日

初日は雷鳥平の山小屋へ。3軒いずれも温泉を引いていて快適です。★健脚さんなら、前夜発＋1泊2日での縦走も十分可能です。その場合も宿泊は大日小屋がいいでしょう。

12
DAINICHI-SANZAN

DATA
だいにちさんざん
北アルプス北部
標高 2606m（奥大日岳）

PLAN
2泊3日
1日目：50分
2日目：5時間30分
3日目：4時間50分

LEVEL
体力：★★　技術：★★

DAINICHI-SANZAN DAY2

晩秋の花 あれこれ〜

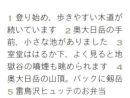

剱岳はやっぱりかっこいいね

1 登り始め、歩きやすい木道が続いています 2 奥大日岳の手前、小さな池がありました 3 室堂ははるか下、よく見ると地獄谷の噴煙も眺められます 4 奥大日岳の山頂。バックに剱岳 5 雷鳥沢ヒュッテのお弁当

DAY1 室堂から雷鳥平までは石畳状の散策路。右手に立山の山並みを眺めつつ、のんびり歩きましょう。早めに着いたら温泉三昧、他の山小屋の温泉でも立ち寄り湯が楽しめますよ。

DAY2 雷鳥沢を渡り、新室堂乗越への登りに取り付きます。ところどころ木道がある、歩きやすい道を登っていきます。新室堂乗越まで出ると、これから進む尾根がずっと見渡せ、山の斜面に道がついているのも眺められます。奥大日岳までは快適な尾根歩き。途中から剱岳が堂々とした姿を見せます。左手には室堂がはるか下に眺められます。ゆるゆると登っていくと、奥大日岳の山頂に到着。剱岳が間近に、ひときわかっこよくそびえています。南側に目をやると台地のように広がる美女平。高原道路がうねうねと続いています。

奥大日岳から先は、たおやかな尾根歩きから少しピリッと辛口になります。急なハシゴ、鎖場や岩場がところどころ現れ、少し緊張します。石がガラガラして歩きにくいところもあるので十分慎重に。かぼちゃのような大きな岩が目印の、日本庭園のような七福園を過ぎるとまもな

DAINICHI-SANZAN
DAY2-3

剱のてっぺん
突いてみた♪

展望台に
登って
眺めよう

1 七福園。左の大岩がかぼちゃみたい **2** 大日岳山頂から眺める剱岳。迫力満点です **3** 小さな看板がありました **4** 大日平も木道が整備されています **5** 大日小屋はランプの山小屋 **6** 迫力満点の称名滝

く中大日岳。さらに進むと大日小屋の赤い屋根が見えてきます。

　大日小屋から大日小屋までは片道30分。山頂からはやはり剱岳の眺めがすばらしく、さらに富山湾もきれいに眺められます。山から眺める海岸線はまた格別です。

　DAY3　大日小屋をあとにして、どんどん下っていきます。下り始めはやや急、ローソク岩、鏡岩を過ぎてしばらく進むと、目の前に大日平の広い草原が現れます。のびやかな風景にうれしくなります。傾斜はだんだん緩くなり、笹の原っぱのなか、木道を進んで行くと大日平に到着。池塘や湿原植物を眺めつつ進みます。このあたりはラムサール条約に指定された貴重な湿原。初夏から夏には湿原の草花が咲きます。

　大日平を過ぎると、再び傾斜が急になります。段差のある大岩、ロープをたよりに下る急坂、崩れかけた斜面。最後まで気が抜けません。舗装道路に出てやっとひと息。バス停とは逆方向ですが、称名滝展望台まで足を運びましょう。4段に折れながら流れ落ちる大滝は、山行のフィナーレにふさわしい景観です。

HIKING DATA

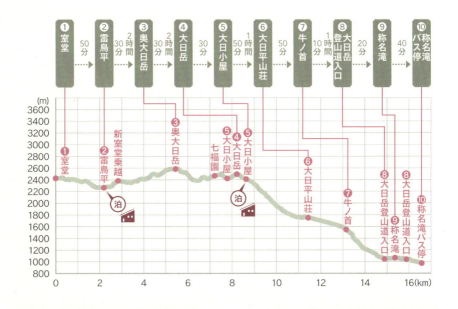

お泊まり宿

雷鳥沢ヒュッテ

立山の眺めもすばらしい、雷鳥平に建つ温泉の山小屋。24時間入れる内湯のほか、源泉掛け流しの濁り湯の外湯があり、温泉を心ゆくまで満喫できます。客室は広々とした間取りで、割増料金で個室利用もできます。

☎ 076-463-1835／4月下旬〜10月中旬／1泊2食付9200円／個室1泊2食9500円〜／収容250人

大日小屋

大日岳の山頂直下に建つ、アットホームな雰囲気の山小屋。夜はランプの灯りが心地よく感じます。夕食後には不定期でスタッフのライブも行われています。心をこめて作られたやさしい味わいの食事も好評です。

☎ 090-3291-1579／7月中旬〜10月上旬／1泊2食付9000円／収容40人

大日平山荘

☎ 090-3295-1281／7月1日〜10月中旬／1泊2食付9000円／収容50人

立ち寄り湯

千寿荘

立山ケーブルカー乗り場の目の前に建つ、アクセス最適な宿。お風呂で疲れを癒すことができます。宿泊客がいる場合は日帰り入浴ができないこともあるので、必ず事前連絡を。

☎ 076-482-1138／富山県立山町千寿ヶ原28 日帰り入浴時間は要問い合わせ／500円／通年営業／1泊2食付8400円〜

● アクセス
ゆき：富山駅から富山地方鉄道で1時間（1200円）、立山駅下車。立山黒部アルペンルートで1時間10分（2430円）、室堂下車／JR大糸線信濃大町駅からアルピコ交通バス40分（1360円）、扇沢下車。立山黒部アルペンルートで約1時間30分（5860円）、室堂下車。
帰り：称名滝バス停から称名滝探勝バス15分（500円）で立山駅へ。立山駅からは往路を戻る。

● 問い合わせ
立山町役場 ☎ 076-463-1121
アルピコ交通白馬営業所 ☎ 0261-72-3155
立山黒部貫光（アルペンルート） ☎ 076-432-2819

● アドバイス
室堂から新室堂乗越への登りや、奥大日岳周辺は7月下旬まで雪渓が残ります。軽アイゼンを持参しましょう。

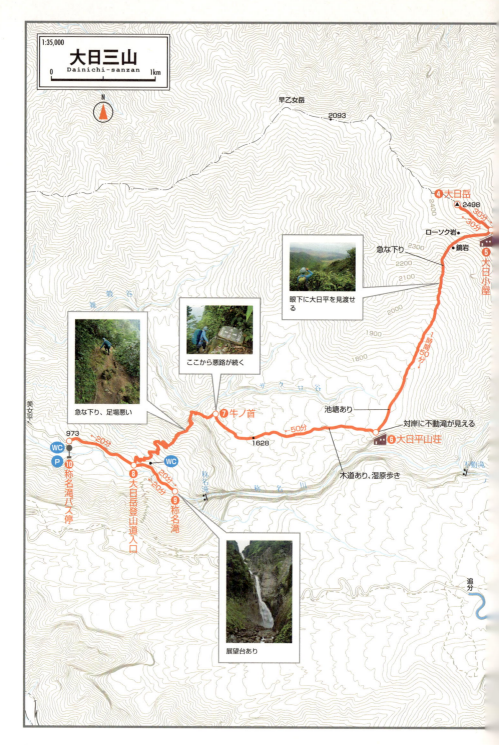

爽快な表銀座縦走ルート。右手には槍ヶ岳、前方には大天井岳がひときわ大きく

槍ヶ岳を望む絶景の稜線散歩
燕岳〜常念岳

PLANNING　2泊3日

2日目の行程がかなり長く高低差もあるので、初日は早めに着いてしっかり休んで。★健脚さんなら、前夜発で大天井岳まで足を延ばし、1泊2日で下山も可能ですが、両日とも1日の行程が8時間前後、かなりの体力が必要です。☆燕山荘泊まりで燕岳往復なら、体力・技術ともに★一つです。

13
TSUBAKURO-DAKE 〜 JONEN-DAKE

DATA
つばくろだけ〜じょうねんだけ
北アルプス南部
標高2921m（大天井岳）

PLAN
2泊3日
1日目：5時間25分
2日目：6時間5分
3日目：4時間55分

LEVEL
体力：★★★　技術：★★

わーい♪
いただきまーす

THUBAKURO-DAKE
JONEN-DAKE
DAY1

1 中房温泉の登山口からスタートします **2** 合戦小屋でスイカをオーダー **3** 白砂の尾根の先に燕岳の山頂が **4** それほど広くない山頂は人でいっぱい **5** 石に刻まれた小さな山名板

PART2 つなげて歩こう｜13 燕岳〜常念岳　TSUBAKURO-DAKE〜 JONEN-DAKE

コマクサは燕岳の人気者

DAY1 初日は中房温泉から燕山荘まで。登りで歩く合戦尾根は「アルプス三大急登」の一つに数えられています。登り始めは明るい樹林帯。急ではありますが、歩きやすい道。ところどころにベンチがあり、いい休憩ポイントにもなっています。花崗岩の少し滑りやすい斜面や白い岩が現れてくると、ほどなく合戦小屋に到着。夏は名物のスイカが味わえます。

　少し登って合戦小屋の頭まで出ると、槍ヶ岳がひょっこりと頭をのぞかせます。さらに進むと燕山荘の小屋が前方に見えてきます。なかなか着かないと思いながら歩くうちに燕山荘に到着。燕岳を往復しましょう。白い砂浜のような稜線に、大きな岩が点々としている、不思議な風景の中を歩いていくと、燕岳に到着。槍ヶ岳がランドマークのようです。燕山荘から燕岳周辺にはコマクサの群落が広がり、夏はピンクの可憐な花が斜面を一面に覆っています。

DAY2 燕山荘を出発し、表銀座縦走コースに進みます。槍ヶ岳を目の前に見ながらどんどん進んでいく、爽快な稜線歩きです。足元にはコマクサやイワギキョウなど、高山植物が咲いて

THUBAKURO-DAKE
JONEN-DAKE

DAY2

歩くのが
気持ちいい〜

います。鎖場のある切通岩の先で、登山道は二つに分岐するので、大天井岳へ進みます。ここからもかなり急な登り。大天荘まで着けば、山頂まではもうすぐです。この山も、槍ヶ岳のステキなビューポイントのひとつでしょう。

　大天井岳からはアップダウンを繰り返しながら常念岳に向かいます。なかなかかっこいい稜線。足元にはチングルマやミヤマキンバイなどの高山植物が見られます。ハイマツの中をよく見るとライチョウの姿も。どんどん近くなる常念岳を眺めながら、常念小屋に向かいます。

DAY3　常念小屋から常念岳の山頂を往復。ゴロゴロと石が連なる道、慎重に道を判断していきましょう。登り切った常念岳の山頂からは、ずっと歩いて来た尾根が見渡せてちょっと感動。槍ヶ岳もきれいに眺められます。

　小屋まで戻ったら、ヒエ平に下山します。下り始めがちょっと急。木の階段や、高度感のあるガケを歩くところもあり、緊張します。道が沢沿いになってくると傾斜も緩みます。左手に山の神の祠が見えれば、ゴールのヒエ平駐車場はもうすぐです。

PART2 つなげて歩こう｜3 燕岳〜常念岳 TSUBAKURO-DAKE 〜 JONEN-DAKE 〜

ライチョウの
ヒナちゃん！

常念小屋
まだかな〜

1 燕山荘前で眺める朝日　2 槍ヶ岳が少しずつ近く　3 大天井岳から常念岳への道から。振り返れば槍〜穂高が一望　4 蛙岩。蛙に見えますか？　5 大天井岳へはあとひと息　6 大天井岳の山頂に到着　7 まだまだ遠い常念岳

がんばって登りましたヤッホー♪

THUBAKURO-DAKE
JONEN-DAKE
DAY3

1 やっと常念小屋の赤い屋根が見えました **2・3** 常念岳の山頂。石の祠と方位板がありました **4** 朝焼けに染まる槍ヶ岳と穂高連峰 **5** 下山ルートにはベンチが点在 **6** 河原でひと休み、気持ちいい！

おいしい常念小屋の晩ご飯

手描き風でかわいいデス

096

HIKING DATA

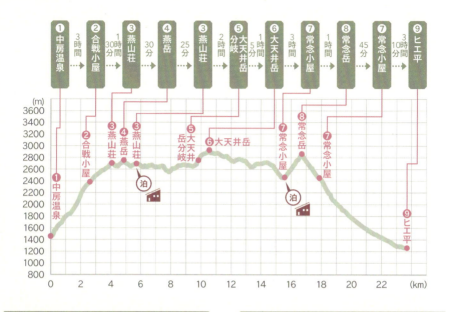

お泊まり宿

燕山荘
創業は大正10年、燕岳の山頂そばに建つ山小屋。広々とした館内で快適にくつろげます。オーナーのアルプホルンの演奏をはじめ、さまざまなイベントも楽しみ。おみやげに欲しくなるオリジナルグッズも豊富です。

☎ 090-1420-0008 ／ 4月下旬〜11月下旬 ／ 1泊2食付 9800円 ／ 個室1泊2食付1万2300円〜 ／ 収容650人

常念小屋
常念乗越に建ち、槍ヶ岳、穂高連峰を望む絶景が自慢の山小屋。小屋前のテーブルが特等席です。夏は小屋周辺でコマクサも見られます。秋にはコンサートなども行っています。

☎ 090-1430-3328 ／ 5月上旬〜11月上旬 ／ 1泊2食付 9800円 ／ 収容300人

大天荘
☎ 090-8729-0797 ／ 6月下旬〜10月中旬 ／ 1泊2食付 9500円 ／ 個室1部屋別途7200円〜 ／ 収容150人

立ち寄り湯

有明荘
中房渓谷の渓谷沿いに建つ国民宿舎。温泉を引いており、日帰り利用ができます。明るく広々とした大浴場と、石造りの和風の露天風呂があり、ゆったりくつろげます。燕山荘利用者は日帰り入浴割引あり。

☎ 0263-84-6511 ／ 長野県安曇野市有明中房 ／ 日帰り入浴 10:00〜17:00 ／ 620円 ／ 4月下旬〜11月下旬営業 ／ 1泊2食付 9950円〜

● アクセス
ゆき：JR大糸線穂高駅からタクシー（約7500円）または乗合バス（1700円 ／ 4月下旬〜11月下旬運行）で55分、中房温泉下車。
帰り：ヒエ平からタクシー45分（5100円）で穂高駅へ。

● 問い合わせ
安曇野市役所 ☎ 0263-71-2000
南安タクシー ☎ 0263-72-2855

● アドバイス
ヒエ平はバスの便がなく、タクシー利用になります。下山するとき、常念小屋で下山時刻に合わせてタクシーを手配してもらうことができます（有料）。

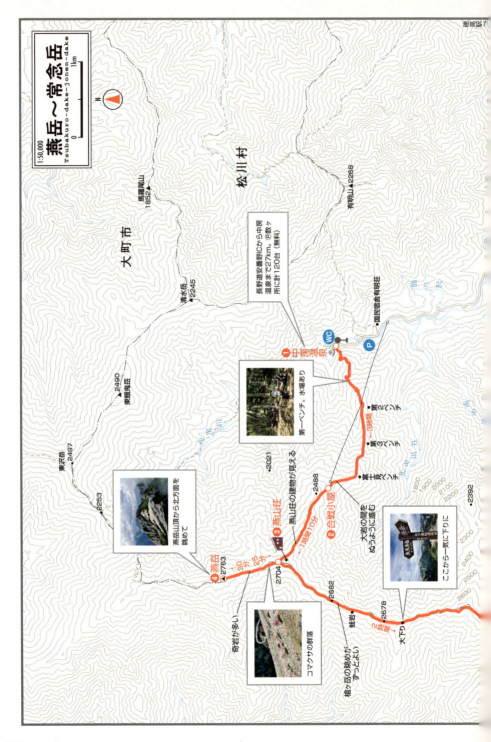

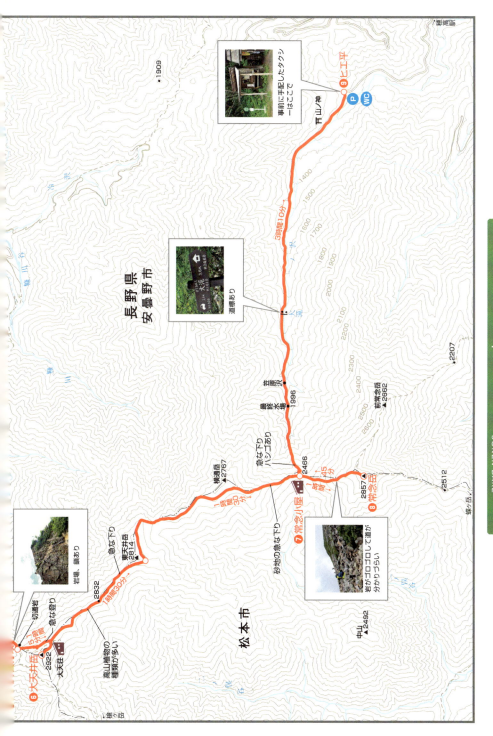

観音岳の先から地蔵岳を眺めて。不思議な形の岩山です

白砂の稜線と塔のような岩峰
鳳凰三山

PLANNING　2泊3日

稜線の山小屋に泊まる2泊3日の縦走コース。鳳凰小屋からは今回紹介する青木鉱泉へのルートのほか、燕頭山を経由して御座石鉱泉へ向かうルートもあります。
★健脚さんなら前夜発＋1泊2日でも。その場合は初日に薬師岳小屋まで上がるとよいでしょう。

14
HOUOU-SANZAN

DATA
ほうおうさんざん
南アルプス
標高2840m（観音岳）

PLAN
2泊3日
1日目：5時間30分
2日目：4時間15分
3日目：3時間50分

LEVEL
体力：★★★　技術：★

HOUOU-SANZAN DAY1-2

天然水ありますよ

1 最初のビューポイント・夜叉神峠でひと休み　2 南御室小屋の名水。疲れが吹き飛びます　3 南御室小屋の朝食弁当。ごちそうさまでした　4 砂払岳から富士山が見えました　5 薬師岳直下に建つ薬師岳小屋

南御室小屋の前にあった石　北はどっち？

PART2 つなげて歩こう｜14 鳳凰三山 HOUOU-SANZAN

DAY1　登山口から夜叉神峠(やしゃじんとうげ)までは明るい広葉樹の森。登り始めがやや急なので、ペースを上げずに行くのがポイントです。夜叉神峠まで登ると、北岳・間ノ岳・農鳥岳の白峰三山(あいのだけ・のうとりだけ・しらねさんざん)がきれいに眺められます。

夜叉神峠から先は再び樹林帯。見晴らしのきかないなか、ひたすら登っていきます。杖立峠を過ぎると、少しずつ見晴らしがよくなってきます。ときどき木々の間から白峰三山など周りの山々が見え、うれしくなります。苺平(いちごだいら)を過ぎ、石畳のような道が緩やかに下ってきたら、今日のお泊まり宿、南御室小屋(みなみおむろ)はもうすぐです。

DAY2　小屋からしばらくは、うっそうとしたシラビソの林。樹林が切れ、ゴロゴロと連なる巨石をぬうように進んでいくと、どんどん見晴らしがよくなり、ほどなく砂払岳(すなばらいだけ)の山頂に到着。富士山が見えてテンションが上がります。薬師岳小屋を過ぎ、ザラザラとした白砂の道を一歩ずつ登っていきます。

鳳凰三山は薬師岳(やくしだけ)、観音岳(かんのんだけ)、地蔵岳(じぞうだけ)の三つの山からなります。まずは一つめのピーク、薬師岳に登頂。薬師岳からは、山なのに砂浜を思わ

HOUOU-SANZAN DAY2

だんだん青空
見えてきた〜

薄暗い樹林に
イワカガミ

鳳凰小屋名物
キバナノ
アツモリソウ

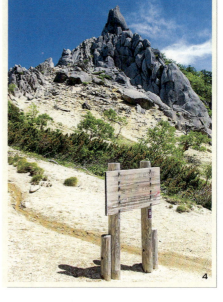

1 薬師岳の山頂。本当は眺めがいいです 2 三山最高峰・観音岳の山頂 3 地蔵岳に向かう道。縦長の岩が地面に刺さっているよう 4 賽の河原から地蔵岳を見上げて。どうしてこんな形になるのか不思議です

　せる、不思議な稜線が続きます。日の光を浴びてキラキラ光る、白い砂地の道を進んでいきます。次のピークは観音岳。標高2840m、鳳凰三山の最高峰です。大きな石が積み上がったような山頂からは、目指す地蔵岳への尾根道に連なる岩がずらりと見渡せます。振り返れば富士山がきれいに裾野を引いています。

　観音岳から地蔵岳へは砂地の急な登りやちょっとした岩場もあり、少し緊張します。それでも岩の塔のような地蔵岳の山頂がだんだん近づいてくると、ついつい足取りも軽くなりま

す。そして賽の河原に到着。地蔵岳の山頂の岩峰は「オベリスク」と呼ばれています。てっぺんに立つには岩登り用の装備が必要なので、見上げるだけ。それでもものすごい迫力です。地蔵岳を左手に見ながら砂地の急斜面を下り、樹林帯をひたすら下り、鳳凰小屋を目指します。

DAY3 鳳凰小屋からは、沢沿いの道を下ります。ドンドコ沢という名のとおり、急斜面をまさにドンドコと下っていきます。途中いくつか滝がありますから、体力に余裕があれば見ていくのもよいでしょう。

HIKING DATA

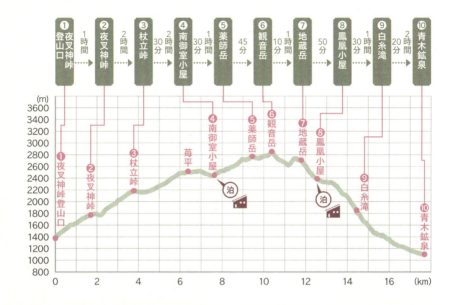

| ① 夜叉神峠登山口 → 1時間 → ② 夜叉神峠 → 2時間 → ③ 杖立峠 → 2時間30分 → ④ 南御室小屋 → 1時間30分 → ⑤ 薬師岳 → 45分 → ⑥ 観音岳 → 1時間10分 → ⑦ 地蔵岳 → 50分 → ⑧ 鳳凰小屋 → 1時間30分 → ⑨ 白糸滝 → 2時間20分 → ⑩ 青木鉱泉 |

お泊まり宿

南御室小屋

標高は2420m、辻山と砂払山のコル（くぼ地）、シラビソの樹林帯の中に建つ、昔ながらの風情を残す山小屋。小屋の外には南アルプスのおいしい水が湧いています。

☎ 090-3406-3404／4月下旬～11月中旬、年末年始／1泊2食付8800円／個室1部屋別途3000～5000円／収容80人

鳳凰小屋

地蔵岳直下に建つ山小屋。建物は本館・新館があり、本館にある掘りごたつのある談話室が快適です。小屋の周辺は花の種類が多く、7月は珍しいキバナノアツモリソウが見られます。

☎ 0551-27-2018／4月下旬～11月下旬／1泊2食付8800円／収容110人

薬師岳小屋

☎ 090-5561-1242／4月下旬～11月中旬、年末年始／1泊2食付8800円／収容60人

立ち寄り湯

青木鉱泉

鳳凰三山の麓、ドンドコ沢登山口に建つ昭和初期創業の温泉宿。和のたたずまいが印象的です。裏山から湧き出る鉱泉は鉄分を多く含み、よく温まります。鉄平石を敷き詰めた浴槽がレトロな雰囲気です。

☎ 0422-51-2313／山梨県韮崎市清哲町青木3350／日帰り入浴7:00～19:00／1000円／4月下旬～11月中旬営業／1泊2食付1万円

● アクセス
ゆき：JR中央本線甲府駅から山梨交通バスで1時間15分（1520円）、夜叉神峠登山口下車。
帰り：青木鉱泉から山梨中央交通バスでJR中央本線韮崎駅まで1時間（1500円）。
※御座石鉱泉～青木鉱泉～韮崎駅のバスはGW、夏期～秋期のみ運行。運行日に注意。

● 問い合わせ
南アルプス市役所 ☎ 055-282-1111
山梨交通バス ☎ 055-223-0821
山梨中央交通バス ☎ 055-262-0777

● アドバイス
鳳凰三山は紹介した縦走ルートのほか、青木鉱泉から中道を登って薬師岳へ登り、観音岳、地蔵岳と縦走して青木鉱泉に下る周回ルートもよく歩かれています。

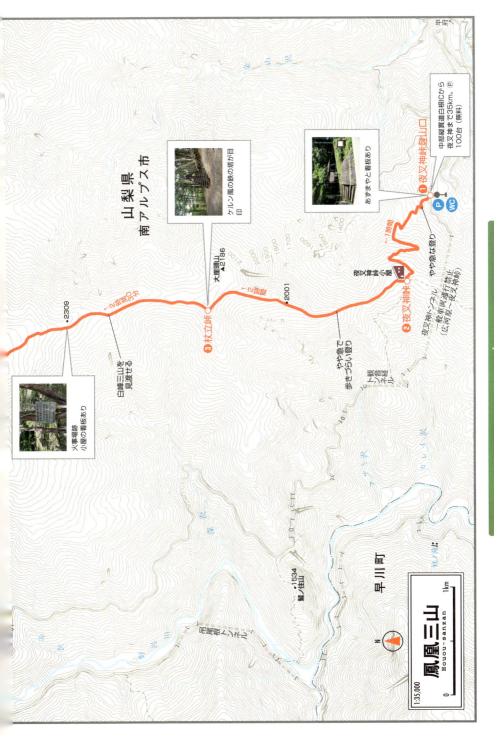

甲府 —— 南アルプスの玄関口

戦国時代には戦国武将・武田家の本拠地であり、江戸時代には甲州街道の宿場町としても栄えた町。武田家ゆかりの寺や観光地も多いです。

おいしいもの

山梨県の名物として有名なのがほうとう。もっちりとした平たい麺、たっぷりの野菜がアツアツの鍋で供される、栄養満点の郷土料理です。近年注目のご当地グルメは甲府鳥もつ煮。もともとそば屋で提供されていたおつまみです。甘辛いたれで煮詰めたモツはくせになるおいしさ！

おみやげ

甲府（山梨）みやげの定番といえば桔梗屋の信玄餅。きなこをまぶした餅と黒蜜の甘みが絶妙です。甲州ワインも（持ち帰るには重いですが）喜ばれるおみやげでしょう。

ぶどうやももなどのフルーツの栽培も盛んな山梨。旬の時期ならフルーツをおみやげにするのも一案です。

新宿からJR中央本線で約1時間30分（4130円）、甲府駅下車。高速バスでは、新宿高速バスターミナルから甲府駅南口まで、約2時間10分（2000円）。

立ち寄りどころ

奥藤本店・甲府駅前店
北海道産のそば粉を富士山系の天然水で打った手打ちそばが味わえます。甲府鳥もつ煮と手打ちそばのセットがおすすめ！
☎ 055-232-0910 ／ 11:00〜14:30、17:00〜20:30 ／無休／甲府駅から徒歩2分

ほうとう小作　甲府駅前店
山梨県内各地にあるほうとう専門店。野菜たっぷり、味わい深いほうとうが味わえます。定番人気はかぼちゃほうとう。
☎ 055-233-8500 ／ 11:00〜21:10ラストオーダー／無休／甲府駅から徒歩3分

甲州夢小路
明治・大正・昭和を感じさせる建物が並ぶ、歩いて楽しい町並みです。山梨ならではのグルメやショッピングも楽しめます。
☎ 055-298-6300（玉屋 甲州夢小路）／営業時間は店舗により異なる／無休／甲府駅から徒歩1分

PART 3

憧れの頂に

日本アルプスの多くの山から見える小さなトンガリ。
槍ヶ岳は、いつかは登りたい山の一つです。
山にたくさん登って経験を重ねて、しっかり準備をして
憧れの頂を目指してみませんか。

いよいよ対面した槍の穂先。それでも穂先まではまだまだ先です

空に高く突き上げる鋭いトンガリ
槍ヶ岳

15
YARIGATAKE

DATA
やりがたけ
北アルプス南部
標高 3180m

PLAN
前夜発＋3泊4日
1日目	4時間50分
2日目	5時間30分
3日目	5時間20分
4日目	2時間

LEVEL
体力：★★★　技術：★★★

PLANNING 前夜発＋3泊4日

最終日以外は行程が長く、体力が必要です。3日目、ちょっとがんばれば槍ヶ岳山荘から上高地まで一気に下山できますが、行程がとても長くなるので早朝出発で時間にゆとりを持って。道中には山小屋もたくさんありますから、泊まる場所は自由にアレンジできますよ。

YRIGATAKE DAY1-2

梓川には
マガモがいます

1 初日は心地よい樹林歩き。平坦な道が続きます　2 天狗原近くまで来ると空がずいぶん近くなりました　3・4 ヒュッテ大槍への登り道。道沿いにはミヤマキンバイが　5 チングルマの綿毛が風に吹かれていました

槍ヶ岳！

PART3 憧れの頂に ／ 15 槍ヶ岳 YARIGATAKE

DAY1　上高地から横尾までは、ときどき左手に明神岳の岩峰を眺めつつ、樹林の中を梓川沿いに歩いていきます。なだらかな道、1時間ごとに山小屋が建ち、いい休憩ポイントになっています。横尾から本格的な山道に。この日はほとんど槍ヶ岳が見えませんが、槍見河原からほんの少しだけてっぺんが見えますよ。

DAY2　キャンプ場のあるババ平あたりから、広い河原の向こうに山々が現れ、大曲で一気に眺めがよくなります。ここで見えているのは大喰岳や中岳など、槍ヶ岳から南側に連なる山々。だんだん傾斜が急になってきますが、草原の斜面の花が疲れを癒やしてくれます。

　草原の斜面がハイマツ帯に変わってくると、槍ヶ岳のトンガリがいきなり現れます。感動の対面！　しかしここからは不安定な石の斜面、登山道を慎重に見極めながら歩きましょう。その先の分岐で、眺めのよいヒュッテ大槍方面へ進路をとります。かなり急な草原の斜面をぐいぐい登っていくと、ぽっかりと稜線に出ます。槍ヶ岳が再び大きくそびえ、右手には大天井岳から槍ヶ岳に続く稜線も見えています。ここか

YRIGATAKE
DAY2

槍のてっぺん
つかんで
みましたよ

らは槍を眺めながらの天空散歩。どんどん近くなっていく穂先にワクワクしてきます。とはいえ高度感のある岩場もあり、注意が必要。

　槍ヶ岳山荘から、いよいよ山頂への岩登り。岩場にはペンキでマーキングもあり、危険なところには鎖なども付けられています。三点支持を意識して進みましょう。山頂直下の長い鉄ハシゴを二つ登り切れば、念願の山頂に到着です！　360度の大展望。感動がこみあげます。

　山頂の風景を十分に楽しんだら下山。岩場は下りのほうが緊張します。十分慎重に。

DAY3　下りは殺生ヒュッテ方面に進みましょう。急斜面をジグザグと下っていきます。ヒュッテ大槍との分岐から先は来た道をひたすら戻ります。ただ下るだけ…と思いきや、今までずいぶん歩いてきて疲れもたまっています。草原が広がる徳沢で行動終了。宿のお風呂で汗を流し、がんばった自分にご褒美。

DAY4　徳沢から上高地に向かう途中、明神で穂高神社奥宮に足を運んでみましょう。明神池がしっとりした雰囲気です。嘉門次小屋で名物の岩魚の塩焼きを食べるのもおすすめです。

PART3 憧れの頂に ― 15 槍ヶ岳 YARIGATAKE

あと3歩で槍のてっぺん!

1 槍の穂先に向かって。背後のトンガリは常念岳 2 ヒュッテ大槍からは爽快な稜線歩き。槍が圧倒的な存在感です 3 いよいよ槍の穂先へ。慎重に岩を登ります 4・5 ハシゴを登り切ればもう山頂ですよ!

YRIGATAKE
DAY3

1 槍ヶ岳山頂に到着！ 木の祠と看板があります **2** 槍ヶ岳山頂から大天井岳・燕岳方面を眺めて **3** 登った槍の穂先をバックに一枚 **4** 槍を見ながらコーヒーブレイク、至福の時間です **5** ここで槍ヶ岳は見納め。いい山でした、ありがとう

がんばって登ったよ〜！

槍見コーヒーいかがです？

HIKING DATA

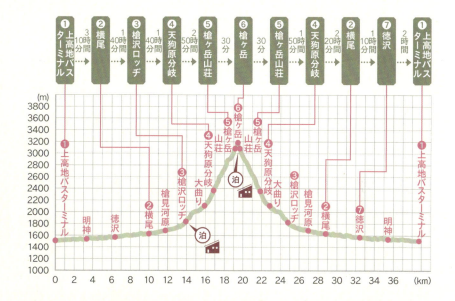

お泊まり宿

槍沢ロッジ
梓川沿い、樹林帯の中に建つウッディな山小屋。館内には山の風景写真などが飾られています。風呂があり、山歩きの汗を流すことができます。バンダナや絵はがきなど、オリジナル商品も豊富に揃っています。

☎ 0263-35-7200（槍ヶ岳山荘松本事務所）／4月下旬〜11月上旬／1泊2食付 9500円／個室1部屋別途1万円／収容150人

氷壁の宿 徳澤園
☎ 0263-95-2508／4月下旬〜10月中旬／相部屋1泊2食付1万円／和室1泊2食付1万4900円〜／収容120人

横尾山荘
☎ 0263-95-2421／4月下旬〜11月上旬／1泊2食付9800円／収容250人

立ち寄り湯

梓湖畔の湯
上高地の入口、さわんど温泉の日帰り入浴施設。ガラス張りの明るい大浴場と、梓川のせせらぎが心地よい露天風呂があります。入浴後は売店で売っている温泉ゆで卵などを食べながら畳敷きの休憩所で一息。

☎ 0263-93-2380／長野県松本市安曇4159-14／10:00〜20:00／4月下旬〜11月中旬営業、不定休／720円

槍ヶ岳山荘
槍の穂先を見上げるロケーションがすばらしい山小屋。山の本やテレビのある畳敷きの談話室には、クライミングボードも付いています。喫茶・軽食スペースでは、夏期には焼きたてパンの販売も。

☎ 0263-35-7200／4月下旬〜11月上旬／1泊2食付 9500円／個室1部屋別途8000円〜／収容650人

ヒュッテ大槍
☎ 090-1402-1660／7月上旬〜10月中旬／1泊2食付9500円／収容90人

殺生ヒュッテ
☎ 0263-77-1488（中房温泉）／6月中旬〜10月中旬／1泊2食付8500円／収容100人

● アクセス
ゆき：JR松本駅から松本電鉄で30分（700円）、新島々でアルピコ交通バスに乗り換えで1時間5分（1950円、往復3400円）、上高地バスターミナル下車。
帰り：往路を戻る。

● 問い合わせ
松本市アルプス観光協会 ☎ 0263-94-2221
アルピコ交通新島々営業所 ☎ 0263-92-2511

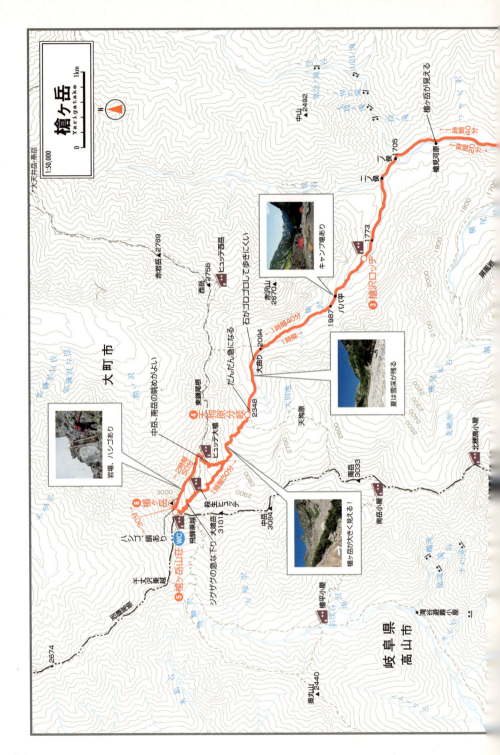

備えてますか？ 遭難対策

どんなに技術や体力を身につけ、注意を払っても、怪我や事故などの遭難のリスクはゼロにはできません。遭難したときに備えることが大切です。

1 登山計画書

計画の検討・確認にも有効

遭難時には最大の手がかりとなる登山計画書。計画書があれば、いつ・どこに・誰と・どんなルートで行ったのかが分かり、より適切な場所を探してもらえます。また、計画書を作ることで、自分の登山計画に無理がないかを改めて検討・確認することもできます。

自宅に1通、提出用に1通

計画書の見本を p.124 につけましたので、参考にしてください。書いた計画書はコピーをとり、ひとつは自宅に（家族に）置き、もう1通は最寄り駅や登山口にある登山届入れに入れていきます。山のある地方自治体の警察署に事前にFAXやメールで送ることもできます。

2 山岳保険

捜索・救助にかかる費用を

山岳保険とは、山で遭難したときにかかる費用を補償する保険のこと。おもに捜索・救助にかかった費用や、死亡あるいは後遺障害保険、他人に怪我をさせたときの賠償費用などを補償します。通常の生命保険や傷害保険では、山での捜索・救助にかかる費用などは対象外となっていることが多いです。

さまざまなタイプ

一般的なのは、1年ごとに掛け捨ての山岳保険。月に何度か山に行くような人なら、加入しておきたいところです。年に何度も山に行かないようなら、山行の日数に合わせた短期の保険もあります。保険によって補償される項目は異なります。加入時に不明な点は確認を。

山岳保険名	内容	問い合わせ先
日本山岳協会山岳共済会「山岳遭難・捜索保険」	1年ごとの更新で、死亡・後遺障害、救援者費用、個人賠償を補償。ハイキングコースと登山コースがある。	☎ 03-5958-3396 http://sangakukyousai.com
日本山岳救助機構「山岳遭難対策制度」	遭難捜索・救助にかかる費用のみ補償。年間に支払った費用総額を全会員で割って分担するシステム。東京都山岳連盟の講習会受講割引などあり。	☎ 042-669-5330（日本山岳救助機構事務センター） http://www.sangakujro.com
日本費用補償少額短期保険「レスキュー費用保険」	年間保険料5000円で、保険金額300万円までの捜索・救助費用のみを補償。登山の形態は問わない。	☎ 0120-970-510 http://www.nihiho.co.jp/
モンベル「野あそび保険」	1泊2日から6泊7日までの期間で、トレッキング・サイクリングなどアウトドア活動の事故による遭難時の救援者費用、死亡・後遺障害、個人賠償などを補償。同様の活動で年間加入ができる「モンベル野外活動保険」もあり。	☎ 06-6538-0208（モンベル・アウトドア・チャレンジ） http://hoken.montbell.jp

PART 4

日本アルプスを見にいこう

秋の終わり、日本アルプスを見に八ヶ岳へいきましょう。
あの山のてっぺんに立ったんだよ。
あの稜線をずうっと歩いたんだね。
登ったときとは違ったうれしさが、時間を超えて、
じんわりとこみあげてきます。

赤岳山頂から北方面を眺めて。荒々しい岩の稜線が続いています。稜線の末端、ぽこんとした形の山が蓼科山

険しい岩峰の先に日本アルプスの大展望

赤岳

PLANNING　1泊2日

人気の山小屋・赤岳鉱泉に泊まる1泊2日のルート。南沢ルートを歩いて行者小屋泊まりでもいいでしょう。★健脚さんなら南沢から地蔵尾根を登り、赤岳天望荘泊まりの1泊2日も可能。初日後半の行程がきついですが、それを補ってあまりある、稜線からの眺めが魅力です。

16
AKA-DAKE

DATA
あかだけ
八ヶ岳
標高 2899m

PLAN
1泊2日
1日目：3時間
2日目：6時間55分

LEVEL
体力：★★　技術：★★★

1 堰堤広場にカモシカがいました **2** 横岳の岩壁が見えたら赤岳鉱泉まではあとひと息 **3** 中山乗越への道は心地よい針葉樹林のなか **4** 文三郎尾根の急な階段 **5** 稜線に出ると阿弥陀岳がひときわ大きく眺められます **6** なかなか険しい岩場が続きます **7** 赤岳山頂で祠がお出迎え **8** 地蔵尾根で出会ったお地蔵様

PART4 日本アルプスを見にいこう｜16 赤岳 AKA-DAKE

DAY1 八ヶ岳はいくつかの山の集まりで、遠くから眺めると、全体が大きな島のように見えます。最高峰が標高2899mの赤岳です。

美濃戸口（みのとぐち）から1時間ほど、車も通る広い林道を進むと、美濃戸山荘の先で道が二つに分かれます。往路は左側、北沢ルートを進みます。なだらかな林道が続き、堰堤広場から先が本格的な山道に。苔むした針葉樹の森のなかを進んでいき、本日の宿である赤岳鉱泉に到着します。

DAY2 赤岳鉱泉をあとにして、まずは行者小屋（ぎょうじゃごや）方面に進みます。行者小屋に着くと、目の前に赤岳、阿弥陀岳（あみだだけ）の雄姿が。ひと休みしたら、いよいよ文三郎尾根から赤岳を目指します。初めはうっそうとした樹林帯、どんどん標高を上げていきます。進んでいくうちに樹林が切れ、左手にひときわ大きく赤岳の岩峰が現れます。

赤岳と阿弥陀岳の間のコル（くぼ地）からは岩場登り。鎖がついていますが、高度感があり、かなり険しく感じます。登山道の分かりにくいところもあるので、慎重に。がんばって登り切ると、祠のある赤岳の山頂に到着。日本アルプス、富士山、そして北信の山々を一望に見渡す、360度の大パノラマが広がっています。

山頂からは急斜面をジグザグと下って地蔵の頭に向かい、地蔵尾根を下ります。前半は岩場ですが、鎖などが整備されています。樹林帯に入ればほどなく行者小屋に到着。南沢ルートから美濃戸山荘へ向かい、来た道を戻ります。

鳳凰三山
薬師岳 観音岳 地蔵岳 北岳 甲斐駒ヶ岳 仙丈ヶ岳

赤岳の山頂から
日本アルプスがずらりと見えました。
【南アルプス〜中央アルプス】

　山頂の祠の真正面に立ち、左側（＝南側）に目をやります。赤岳から稜線でつながる権現岳の奥に、三角形の山が三つ。左側が北岳、左側が少しぽっこりしている真ん中の山が甲斐駒ヶ岳、右のなだらかな山が仙丈ヶ岳です。北岳の少し左には鳳凰三山。目をこらすと地蔵岳のオベリスクが見えるでしょうか。そのさらに左には富士山も見えていますよ。
　南アルプスから視線を右側に送っていくと、次の山の連なりが木曽駒ヶ岳のある中央アルプス。その右奥に木曽御嶽山がそびえています。木曽御嶽山から北アルプス方面は次のページへ。

木曽駒ヶ岳 ▼

PART4 日本アルプスを見にいこう｜16 赤岳 AKA-DAKE

私が登った山、どこにあるのかな〜

木曽御嶽山 ▼

乗鞍岳 ▼

赤岳の山頂から
日本アルプスがずらりと見えました。
【北アルプス】

　噴煙を上げる台形の山は木曽御嶽山。その右、島のように見える乗鞍岳から目を右に送っていくと、穂高岳、槍ヶ岳が見えます。へこんでいるのが穂高岳の難所・大キレット、その右の小さなトンガリが槍ヶ岳です。
　槍・穂高からさらに右へ目を送っていくと、立山連峰が現れます。他の山より早く白く雪をかぶるので分かりやすいです。よく見ると立山の右に小さく剱岳も頭をのぞかせています。白馬岳などのある後立山連峰は立山のさらに右。ネコの耳のような二つのピークがある鹿島槍ヶ岳が目印です。さらに五竜岳、唐松岳と続き、右端が白馬岳です。

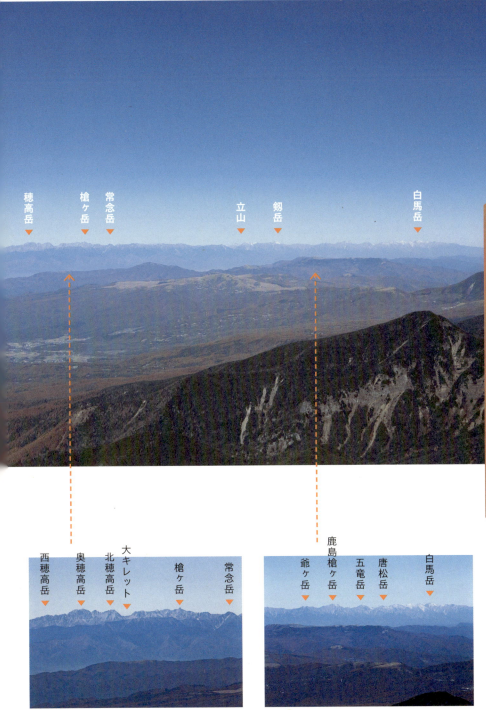

PART 4 日本アルプスを見にいこう ― 16 赤岳 AKA-DAKE

HIKING DATA

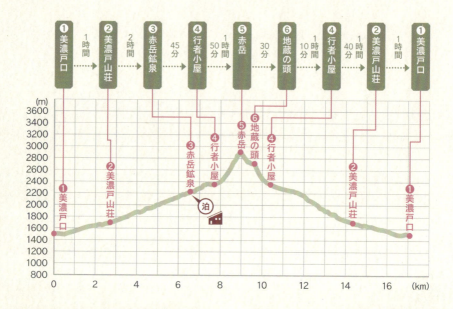

お泊まり宿

赤岳鉱泉
居心地のよい談話室や日の光が降り注ぐテラス、女性用更衣室、さらにはお風呂まで、快適空間があちこちに。2階のステキな個室もぜひ泊まりたいものです。ステーキやカツ煮などの豪華な食事も楽しみです。

☎ 090-4824-9986／通年営業／1泊2食9000円／個室1部屋別途4000円～／収容200人

行者小屋
☎ 090-4740-3808／5月上旬～10月下旬／1泊2食付9000円／個室1部屋別途4000円／収容100人

赤岳天望荘
☎ 0266-58-7220(八ヶ岳山荘)／4月上旬～11月上旬／1泊2食付9000円／個室1泊2食付1万2000円／収容200人

赤岳頂上山荘
☎ 090-2214-7255／4月下旬～11月上旬／1泊2食付8800円／収容300人

美濃戸山荘
☎ 0266-58-7220(八ヶ岳山荘)／通年営業／1泊2食付8500円／個室1泊2食付9500円／収容100人

立ち寄り湯

八ヶ岳山荘
美濃戸口バス停前に建つ山小屋で、日帰り入浴ができます。数人入れば満員になるこぢんまりとした風呂ですが、下山後すぐに入浴できるのがうれしい限り。入浴後は喫茶スペースで食事もできます。

☎ 0266-58-7220／日帰り入浴(時間は要問い合わせ)／500円／通年営業／1泊2食付8500円

● アクセス
ゆき：JR中央本線茅野駅からアルピコ交通バスで45分(930円、往復1550円)、美濃戸口下車。
帰り：往路を戻る。
※茅野～美濃戸口行きのバスは特定日の運行。

● 問い合わせ
茅野市役所 ☎ 0266-72-2101
アルピコ交通茅野営業所 ☎ 0266-72-7141

● アドバイス
八ヶ岳の登山適期は5月下旬～10月末。11月に入り、雪が積もり始めると難易度が上がります。例年11月下旬からゴールデンウィークごろまでは、冬山専用の装備が必要です。

登山計画書

山へ行くときに作り、1通は自宅に、もう1通は登山ポストへ。右ページのものをA4サイズにコピーするか、「実業之日本社のホームページ」内の本書の紹介ページにある登山計画書のPDFファイルをダウンロードして印刷してお使い下さい。

登山計画書

山域	北アルプス
山名	立山三山
期間	2015年 8月 1日〜2日

	氏名	年齢	住所	緊急連絡先 / 本人電話
代表	山賀 好子	35	新宿区新宿1-1-1 山賀荘201	03-0000-0000 / 090-0000-0000
	山田 育代	28	川口市南川口1-2-3	090-0000-0000(母) / 080-0000-0000

（緊急連絡先→自宅など不在時につながる電話番号）
（本人電話→家族の携帯番号でも可。その場合は、誰の番号か（父、母、夫など）書いておくとよい。）

●行動予定　〈1日ずつ、スタート、ゴール地点と、おおよその経由地を書く。〉

8月1日：室堂 → 一ノ越 → 雄山 → 別山 → 剱御前小舎（泊）
8月2日：剱御前小舎 → 雷鳥坂 → 雷鳥平 → 室堂
★往復とも毎日あるぺん号利用（7/31夜新宿発 / 8/2室堂発）

〈登山口までの交通機関、出発／到着時刻も書いておくとよい。〉

●備考（エスケープルート、装備など）
・悪天時は雄山から来た道を戻り下山。
・宿泊：剱御前小舎（076-XXX-XXXX）
・行動食は2日分、各自持参。夕食、朝食は山小屋に予約済。

〈悪天候時のショートカットルートや、持ち物についてのメモなど。〉
〈宿泊する山小屋と連絡先（電話番号）を書いておく。〉

登山計画書

山域	
山名	
期間	年　　月　　日〜　　日

	氏名	年齢	住所	緊急連絡先
				本人電話
代表				

●行動予定

●備考（エスケープルート、装備など）

取材・本文執筆

西野　淑子（にしの・としこ）

関東近郊を中心にオールラウンドに山を楽しんでいるフリーライター。日本山岳ガイド協会認定登山ガイド。著書に『東京近郊ゆる登山』（実業之日本社）、『女子のための！週末登山』（大和書房）など。NHK文化センター『東京近郊ゆる登山講座』講師。風を感じ、草花に目を止め、のんびり歩くのが好き。

写真	石森孝一（立山、爺ヶ岳、木曽駒ヶ岳、甲斐駒ヶ岳、仙丈ヶ岳、唐松岳〜五竜岳、大日三山、槍ヶ岳、赤岳）
	和氣　淳（乗鞍岳、北岳）
	松倉広治（白馬岳、燕岳〜常念岳）
イラスト	鈴木みき
取材協力	山で出会ったたくさんのみなさん
装丁・本文デザイン	OKAPPA DESIGN　工藤亜矢子
地図制作	株式会社千秋社

アルプスはじめました

2015年5月15日　初版第1刷発行

著者	西野淑子
発行者	増田義和
発行所	実業之日本社
	〒104-8233 東京都中央区京橋3-7-5　京橋スクエア
	☎03-3535-2393（編集）　☎03-3535-4441（販売）
	http://www.j-n.co.jp/
印刷所	大日本印刷株式会社
製本所	株式会社ブックアート
DTP	株式会社千秋社

●実業之日本社のプライバシーポリシーは上記ウェブサイトをご覧ください。

●本書の地図の作成に当たっては、国土地理院長の承認を得て、同院発行の50万分1地方図、数値地図（国土基本情報）電子国土基本図（地図情報）及び数値地図（国土基本情報）電子国土基本図（地名情報）を使用しました。（承認番号　平26情使、第951号）

●本書の高低図の作成にあたっては、DAN杉本氏作の地図ナビゲータ『カシミール3D』（Windows対応）を使用しました。（カシミール3Dの情報については、http://www.kashmir3d.com/を参照してください）

●本書に掲載の記事、写真、地図、図版などについて、一部あるいは全部を無断で複写・複製（コピー、スキャン、デジタル化等）・転載することは、法律で認められた場合を除き、禁じられています。また、購入者以外の第三者による本書のいかなる電子複製も一切認められておりません。

●落丁・乱丁の場合はお取り替えいたします。

●定価はカバーに表示してあります。

©Toshiko Nishino 2015, Printed in Japan
ISBN978-4-408-00872-1